Туйлын
Эерэг
Байхын
Гайхамшиг

Positivity
Positivity
Positivity
Positivity
Positivity
Positivity

Туйлын Эерэг Байхын Гайхамшиг

The Miracle of Absolute Positivity

И ЁН ХҮН

CGW Church Growth Worldwide
"Дэлхийн Чуулганы Өсөлт" Судалгааны Төв

УДИРТГАЛ 010

Бүлэг **01**

Туйлын эерэг байхын ач холбогдол 015

Эерэг хүн эрүүл байдаг 017
Эерэг байдал аз жаргалыг бүтээдэг 021
Амьдрал бол эерэг ба сөрөг төсөөллийн тэмцэл 023
Эерэг энергитэй хүнтэй хамт бай 027
1,330 удаагийн алдааг ч эергээр харах 029
Хэн ч, юу ч гэж хэлсэн Ионаг сана 032
Эерэг хүн сэргэх чадвар сайтай 034
Өөрийн эерэг байдлын үзүүлэлтээ (PQ) дээшлүүл 036
Туйлын эерэг байхуйн диаграм 040
Эерэг хандлагын үзүүлэлт шалгах хүснэгт (✓) 041

ЛГА

Бүлэг **02**

Туйлын эерэг Бурханд эерэг хандах нь 043

Сайн Бурханаар дамжуулан эдэлдэг туйлын эерэг байдал 045
Бурханы эрх мэдэлт хайр, түүн доторх эерэг байдал 047
Харанхуй дунд ч эерэг гэрлийг тусгагч Бурхан 050
Залбиралд гарз гэж үгүй 054
Гайхамшгийг дагуулах туйлын эерэг итгэл 057
Эзэнтэйгээ уулзаад ус өнгөө өөрчлөв 061
Эерэг итгэлийн үзүүлэлт шалгах хүснэгт (✓) 065

Бүлэг **03**

Таван төрлийн эерэг байдал (1): Өөртөө эерэг хандах нь 067

Өөртөө эерэг байх ба өөртөө итгэх итгэлийн ач холбогдол 069
Би бол Бурханы шилдэг бүтээл 073
Загалмайн линзээр олж харсан шинэ хөрөг 076
Нэгэн гуйлгачны гурван хүсэл 079
Өөртөө эерэг хандах ба хөршөө хайрлах 081
Сул тал ч сайн тал болж болдог 084
Өөрийгөө Бурханы үгээр ерөө 086
Өөртөө эерэг хандах хандлагын үзүүлэлтийг шалгах хүснэгт (✓) 089

Агуу

Бүлэг **04**

Таван төрлийн эерэг байдал (2): Бусдад эерэг хандах нь 091

Бурханы шивнээ 093
Ганц хүний дэмжлэгт орших хүч 096
Харилцааны хүч 098
Готманы 5:1 дүрэм 101
Харилцан ярианд нөлөөлдөг эерэг мэргэн ухаан 103
Таван минутын найрсаг байдлыг авчирсан гайхамшиг 107
Дайснаа ч хайраараа уяраа 111
Бусдад эерэг хандлахын үзүүлэлт шалгах хүснэгт (✓) 115

Бүлэг **05**

Таван төрлийн эерэг байдал (3): Ажил, үйлчлэлдээ эерэг хандах нь 117

Хараагүй болсон маань хөгжлийн бэрхшээл биш, харин Бурханд хэрэглэгдэх зэвсэг болсон 119
Бурханы доторх бүх зүйл ариун 122
Ажлаараа бахархах сэтгэлтэй бай 123
Хүсэл тэмүүллийн магмаагаа хайлуулцгаая 126
Өдөр бүртээ итгэмжит байхын ач холбогдол 129
Үхэх хүртлээ дуудагдсан Бурханы ажилчин 132
Ажил, үйлчлэлдээ эерэг хандахын үзүүлэлтийг шалгах хүснэгт (✓) 139

ЛГА

Бүлэг **06**

Таван төрлийн эерэг байдал (4): Нөхцөл байдалдаа эерэг хандах нь 141

Асуудлын давлагааг дав 143
Бурхан бол амьдралын минь найруулагч 146
Өнгөрсөн үеийн маань бүтэлгүйтэл намайг хүлэх бэрхшээл биш 148
Сүнслэг дурсгалт газраа санаарай 151
Эерэг залбирлаар асуудлыг даван туул 154
Хамт олондоо эерэг хандах ба хамтын ажиллагаа 157
Эерэг итгэл чуулганыг амилуулдаг 159
Ажлын хамт олондоо нөлөөлөх эерэг үр нөлөө 161
Нөхцөл байдалдаа эерэг хандлахын үзүүлэлтийг шалгах хүснэгт (✓) 165

Бүлэг **07**

Таван төрлийн эерэг байдал (5): Ирээдүйдээ эерэг хандах нь 167

Гайхамшиг бол найддаг хүмүүсийнх 170
Та бол Бурханы мөрөөдөл 173
Мөрөөдөл ба алсын хараа бол Ариун Сүнсний хэл 177
Сэтгэлийн тэнгэрт Бурханы мөрөөдөл илчлэгдэх нь 179
Зовлон, мөрөөдөл хоёр найз 181
Мөрөөдлөө төсөөлж, нарийвчлан залбир 183
Анкора Импаро (Ancora Imparo) 186
Ирээдүйдээ эерэг хандахын үзүүлэлтийг шалгах хүснэгт (✓) 191

Бүлэг **08**

Гурван төрлийн дасгалжуулалт (1): Эерэг үгээр дасгалжуулах нь 193

Бусдын хамгийн их сонсохыг хүсдэг эерэг үг 196
Сөрөг үг амархан халдварладаг 199
Эерэг үгийн хүч 202
Ариун Сүнсээр дүүрэхэд хэл яриа өөрчлөгддөг 205
Бурханы үгийг өөрийн болго 207
Тунхаглахын хүч 209
Эерэг үгээр тунхаглахыг зуршлаа болго 211
Эерэг үгээр тунхаглах жишээ 214
Эерэг үг хэллэгийн үзүүлэлт шалгах хүснэгт (√) 217

Бүлэг **09**

Гурван төрлийн дасгалжуулалт (2): Үргэлж талархлаар дасгалжуулах нь 219

Талархал бол аз жаргалын түлхүүр 221
Тэр газар шорон юм уу? Сүм хийд юм уу? 224
Талархлаар туйлын эерэг итгэлийг илэрхийлвэл 226
Үл эдгэх өвчнийг ч ялсан талархлын өчил 228
Талархлыг дасгалжуулах дөрвөн үе шат 230
Талархлаар дасгалжуулах: Эерэг нүдээр ертөнцийг хар 231
Талархлаар дасгалжуулах: Талархлыг зуршлаа болго 233
Талархлаар дасгалжуулах: Талархлын хамтрагчтай бол 234
Талархлаар дасгалжуулах: Талархлыг тунхагла 236
Талархлаа тунхаглах жишээ 239
Үргэлж талархах үзүүлэлтийг шалгах хүснэгт (√) 242

ЛГА

Бүлэг ***10***

Гурван төрлийн дасгалжуулалт (3): Хайрыг хуваалцахыг дасгалжуулах нь 245

Хайрыг хуваалцах үед цэнэглэгддэг эерэг энерги 248
Хайрыг хуваалцах тусам эрүүл, жаргалтай байна 250
Сайнмэдээ бол Бурханы хайрыг ойлгож, хэрэгжүүлэхийг хэлнэ 251
Сайнмэдээ тараах гэдэг нь хайрыг хуваалцах үйлдэл 255
Хайрын булчингаа хөгжүүл 257
Бусдын хэрэгцээнд мэдрэг бай 260
Өчүүхэн зүйлээ ч хуваалцдаг амьдрал 261
Хайрыг хэрэгжүүлэх тунхаглалын жишээ 267
Хайрыг хуваалцах үзүүлэлт шалгах хүснэгт (✓) 268

Хавсралт

Туйлын эерэг байдлын (PQ) үзүүлэлт шалгах хүснэгт 271

Туйлын эерэг байдлын (PQ) үзүүлэлт шалгах ба дүгнэх 282
Номзүй 284

УДИРТГАЛ

Хүн төрөлхтний хийж чадахгүй зүйлийг Бурхан хийх үед бид түүнийг нь "гайхамшиг" гэж нэрлэдэг. Тиймээс бидний амьдрал өөрөө өдөр бүрийн гайхамшиг юм. Дэлхий дахинаа 2022 онд буюу нэг оны турш 70 сая орчим хүн амь насаа алджээ. Үүнд Ковид 19 гэх мэт өвчнөөр, хөгшрөлтөөр, дайнаар, ослоор, хорт бодис эсвэл сэтгэл зүйн асуудлаас болж өдөрт дунджаар 180 мянга орчим хүн дэлхийг орхисон байх нь. Харин Бурхан бидэнд өнөөдрийг бэлэг болгон өгсөн. Учир нь Түүнд биднээр дамжуулан биелүүлэхийг зорьж буй хүсэл бий. Өглөө нүдээ нээж, амьсгалахдаа зүрх тань хүчтэй цохилсон хэвээр байвал бидэнд дуудлага байна гэсэн үг. Ганц олдох энэ дэлхийн амьдралаа утга учиртай, үнэ цэнтэйгээр бүтээх нь Бурханы бидэнд өгсөн дуудлагын дагуу амьдарч буй хэрэг мөн.

Би өөрийн сүнслэг ментор болох Ён Ги Чой пастороос Ариун Сүнсээр дүүрэх, үргэлж эерэг байх итгэлийг суралцсан юм. Түүнээс хойш үргэлж эерэг байх итгэлийн амьдралаар дамжуулан ирэх агуу гайхамшгуудыг өдийг хүртэл мэдэрсээр байна. Бурхан Өөрөө туйлын эерэг Бурхан тул Түүнтэй уулзвал бидий амьдралд байсан бүх сөрөг зүйлс үгүй болох болно. Өөртөө болон бусдад, ажил болон дуудлага, нөхцөл байдал, ирээдүйдээ эерэг байж шинэчлэгдвэл гайхамшиг бий болох болно. Гагцхүү 5 төрлийн эерэг байдлын үр нөлөөг амсаж мэдрэхийн тулд *эерэг үг яриа, үргэлж талархах, хайрыг хуваалцах* гэсэн 3 дасгалжуулалтыг хэрэгтэй. Үргэлж эерэг байхын зарчмыг дасгалжуулж, амьдралдаа хэрэгжүүлбэл Бурханаас авсан дуудлагаа биелүүлж, Бурханыг баярлуулдаг гайхамшгт амьдрал дотор оршиж чадна.

Энэ номд үргэлж эерэг байхын ач холбогдол, хөгжүүлэх зарчмыг нь жишээний хамт тайлбарлан, бүлэг бүрийн эцэст 10 төрлийн шалгах хүснэгтийг оруулжлаа. Би оюуны чадвар(IQ), мэдрэх чадвараас(EQ) илүү чухал зүйл бол эерэг байх чадвар(PQ, Positivity Quotient) гэж боддог.

Учир нь эерэг байх чадвараа нэмэгдүүлэх тусам амьдрал болон итгэлийн амьдралын аз жаргал, ололт амжилтын хэмжээ ч нэмэгддэг. Мөн “Дөрөв дэх хэмжээст туйлын эерэг байх сургалт” нэртэй дадлагын гарын авлагаа ч бас гаргасан. Уг гарын авлагад сэдэв бүрээр нь Библийн үгээс сурах, эргэцүүлэл болон хэрэгжүүлэлтийг багтаасан ба эсийн бүлгийн сургалтад ашиглавал илүү үр дүнтэй байх болно.

Тиймд энэхүү номоор дамжуулан туйлын эерэг Бурханд итгэх итгэл тань илүү бат болоосой гэж хүсэж байна. Таван төрлийн эерэг байдал, 3 төрлийн дасгалжуулалтыг сурч хэрэгжүүлснээр сөрөг бүхнийг эергээр сольсон Бурханы хайрын гайхамшгийг мэдрээсэй гэж хүсэж байна. Яг одоо та надтай хамт туйлын эерэг байх гайхамшгийн аялалд гарахдаа бэлэн үү?

“Ёоиду Төгс Сайнмэдээ” чуулганы ахлах пастор

И ЁН ХҮН

Туйлын Эерэг
Байхын Гайхамшиг

Зүрх юугаан урьтан хамгаал
Амийн булгууд түүнээс ундарюу.

Сургаалт үгс 4:23

Бүлэг 01

Туйлын эерэг байхын ач холбогдол

Бүлэг **01**

Туйлын эерэг байхын ач холбогдол

> Хандлага бол өнгөрсөн үеэс бий болсон одоо үе бөгөөд ирээдүйг хэлж өгдөг эш үзүүлэгч юм.
>
> **- Жон Максвелл**

Нэгэн удаа би 83 настай эмчтэй оройн хоол идсэн юм. Өндөр насалсан ч бусдаас илүү эрч хүчтэй, нийгмийн идэвхтэй түүнийг хараад би амьдралаа ингэж авч явж чадаж байгаа нууцыг нь сонирхож эхлэв. Хачирхалтай нь насаараа өвчтэй хүмүүсийг асарч, эмчилсэн тэрээр өөрөө ч өвчин зовлонтой тулгарч байсан гэв. Гэсэн хэдий ч тэрээр эрүүл, эрч хүчтэй амьдралаа авч явах болсон шалтгаанаа үргэлж талархлын тухай бодож байснаас болсон гэж тайлбарлаж билээ. Тэрээр байнга "*Баярлалаа,*

баярлалаа" гэж хэлсээр байтал нэг л мэдэхэд өвдөж байсан зүйл алга болсон гэж нэмж хэлсэн юм.

Цааш нь тэрээр хэлэхдээ: *"Пастораа, би хэзээ ч сөрөг мэдээ, бусдын тухай хов живийг сонсдоггүй. Зүгээр л хаачихдаг. Зөвхөн эерэг бодол дээр анхаарлаа төвлөрүүлдэг. Тэгэхээр сэтгэл санаа амар байдаг юм."* Тэр үед би түүний гэрчлэлийг сонсоод туйлын эерэг бодол болон талархлаа өчихийн хүчийг дахин ухаарсан юм.

Эерэг хүн эрүүл байдаг

"Эрүүл мэнд" бол орчин үеийн хүмүүсийн хувьд хамгийн чухал сэдэв нь. Хүмүүс эрүүл хоол хүнс, нэмэлт тэжээл, дасгал хөдөлгөөнд маш их цаг хугацаа, мөнгөө зарцуулдаг. Гэтэл эмч нар *"эрүүл явахын тулд хамгийн чухал зүйл бол стресстэйгээ тэмцэх явдал"* гэж хэлдэг.

Маш их түгшүүр, сэтгэлийн шарх сэтгэл санааг амар тайван байлгадаггүй. Бидний амар амгаланг үгүй хийдэг бүх бодлууд эцэстээ сөрөг бодлоос үүдэлтэй байдаг юм. Солонгос улсад жилд дунджаар 10 мянга гаруй хүн амиа хорлодог бол амиа хорлохыг завдагсдын тоо 100 мянга гаруй байдаг байна. Статистикийн Хорооноос мэдээлснээр 2022 онд өсвөр насныхны нас баралтын нэгдүгээрт амиа хорлолт 43.7%-иар орсон байна. Жилд ойролцоогоор 2.5-3 сая хүн сэтгэл түгших эмгэгийн эсрэг эм бичүүлж авчээ.

АНУ-ын "Үндэсний Эрүүл Мэндийн Хүрээлэн"-ийн доктор Эрик Эмерсон талархал болон эрүүл мэндийн хоорондын хамаарлыг тодорхойлох туршилт хийжээ. Туршилтад оролцогчдыг А, В, С гэсэн 3 бүлэгт хуваасан байна. Тэгээд А бүлгээр тааламжгүй үг хэллэг, үйлдлийг, В бүлгээр өдөр тутмын үг, үйлдэл, С бүлгээр эерэг талархлын үг, үйлдлүүдийг хийлгэжээ. Тодорхой хугацааны дараа бүлэг тус бүрт хамрагдагсдын эрүүл мэндийн байдал хэрхэн өөрчлөгдсөнийг шинжлэн судалсны үр дүнд эерэг талархлын үг, үйлдлийг хийсэн С бүлгийнхний эрүүл мэндийн байдал, аз жаргалын түвшин хамгийн өндөр гарсан байна. Доктор Эмерсон энэхүү судалгаагаараа эерэг үг хэллэг, талархлын үгсийг байнга хэрэглэвэл дархлаа нэмэгдэж, том жижиг өвчнийг даван туулж, илүү эрүүл амьдрах боломжтой юм байна гэсэн дүгнэлтэд хүрсэн байна.

Америкийн эмч Жон Жаветт нэгэн тайландаа 'Талархсан сэтгэлээр залбирч хоолоо иддэг хүмүүсийг' судлаад, тэдэнд биед өвөрмөц гурван бодис бий болдгийг олж илрүүлсэн гэдгээ мэдэгджээ. Эхний бодис нь судлаач Жон Жаветт хүртэл бүрэн тодорхойлоход хэцүү нууцлаг вакцин бөгөөд бүх өвчнөөс урьдчилан сэргийлэх чадвартай бодис гэнэ. Хоёр дахь бодис нь антитоксин. (antitioxin) Уг бодис нь нянгийн эсрэг үүргийг гүйцэтгэж, ариутгах үйлчилгээтэй тул өвчнөөс урьдчилан сэргийлэх төдийгүй эмчлэхэд тустай гэнэ. Гурав дахь бодис нь антисептин.(antiseptin) Энэ бодис нь хоол хүнсийг ходоодонд муудахаас сэргийлж, хоол боловсруулах, шингээхэд тусладаг, эрүүл мэндийг дэмжих үүрэг гүйцэтгэдэг байна.

Харолд Коениг ба Дэвид Б.Ларсон гэх хоёр эмч 1998 онд АНУ-ын Дьюкийн их сургуулийн эмнэлэгт туршилтын судалгаа хийжээ. Тэд Ням гараг бүрт, чуулганд талархалтайгаар мөргөл үйлдэгчид нь хийдэггүй хүмүүсээсээ дунджаар 7 жилээр урт насалдаг болохыг тогтоосон байна. Үүнийг доктор Жон Хенри *“Талархал бол хорт хавдрын эсрэг хамгийн сайн бодис, хоргүйжүүлэгч, муутгахгүй бодис юм”* гэж тайлбарлажээ.

Стресс нь хэд хэдэн өвчнийг үүсгэдэг. Хэт их үзэн ядалт, уур хилэн, сэтгэлийн хямрал, бухимдал зэрэг сөрөг сэтгэл хөдлөлүүд нь стресст хүргэдэг. Стресстэй үед махбодод стрессийн даавры́г ялгаруулж зүрх дэлсэх, толгой өвдөх зэрэг шинж тэмдгийг үзүүдэг байна. Цаашилбал хүний биед зайлшгүй шаардлагатай амин дэм зэрэг шим тэжээлийг устгаад зогсохгүй дархлааг сулруулдаг. Стресс нь зүрх судас, цусны эргэлт, хоол боловсруулах тогтолцооны өвчин үүсгэдэг.

Шинэ он гараад залбирч байтал Бурхан надад эдгээр үгсийг өгсөн юм. *"Би чамд ирээдүйд илүү их ивээл өгөх болно. Тиймээс юу ч тохиолдсон сэтгэлийн амар амгалангаа бүү булаалга."* Эдгээр үгийг сонсоод би ийм шийдвэр гаргасан: *"Тийм ээ, Эзэн рүү л харж, Түүний амлалтын үгээс зууръя. Ямар ч нөхцөлд Эзэнд найдвал Тэр амар амгаланг өгөх болно. Тиймээс тэр амар амгаланг алдахгүй байя. Бусдын элдэв үгэнд эсвэл нөхцөл байдалд автахгүй байя."*

Их Эзэн бидэнд амар амгаланг бэлэг болгон өгөхөө аль хэдийн амласан. *"Амар амгаланг Би та нарт үлдээнэ. Амар амгалангаа Би та нарт өгнө. Ертөнцийн өгдгөөс өөрийг Би та нарт өгч байна. Өр зүрхээ бүү шаналга. Бүү түгшиицгээ"* (Иохан 14:27) *"Зүрх юугаан урьтан хамгаал Амийн булгууд түүнээс ундарюу"* (Сургаалт үгс 4:23)

Бодит байдал дээр ч өөрийгөө, нөхцөл байдал, юмс

болон бусад хүмүүсийн талаар муугаар боддог хүмүүс сэтгэцийн эмгэг, стресст өртөмтгий байдаг. Гэсэн хэдий ч эерэг бодолтой, талархах зүрх сэтгэлтэй бол эдгээр өвчин, стрессийг даван туулж, эрүүл мэндээ сайн хамгаалж чадна. Энэ талаар эмч Ирвинг Ойл *"Эерэг, сайхан бодол нь биед ашигтай даавар үүсгэдэг бөгөөд эдгээр даавар нь өвчнийг эдгээхэд маш их тусалдаг"* гэж тайлбарласан буй. Энэ мэт судалгааны үр дүнд эерэг сэтгэлгээ нь оюун ухааныг хамгаалахаас гадна биеийн эрүүл мэндийг хамгаалж чадна гэдгийг тодорхой харуулж байна.

Эерэг байдал аз жаргалыг бүтээдэг

Калифорнийн Миллс коллежийг 1960 онд төгссөн 141 дэх төгсөгчдийн төгсөлтийн альбомын зурагт дүн шинжилгээ хийжээ. Төгсөгчдийн дунд зарим нь ямар ч нүүрний хувиралгүй байсан ч ихэнх нь инээмсэглэж байв. Гэхдээ тэдний тал нь зөвхөн нүүрний хувирлаараа инээмсэглэж(хуурамчаар) байсан бол нөгөө тал нь чин сэтгэлээсээ инээмсэглэж(жинхнээсээ) байв. Хоёр сэтгэл судлаач эдгээр оюутнуудыг хэрхэн амьдарч байгааг нягталж үзсэн байна. Төгсөгчдийн дундаас

27, 43, 52 насны эмэгтэйчүүд дээр очиж гэрлэлт, амьдралын сэтгэл ханамжийн талаар судалгаа авчээ. Үр дүнд нь жинхнээсээ инээмсэглэж байсан нь илүү аз жаргалтай амьдарч, чин сэтгэлээсээ инээмсэглэж байсан эмэгтэйчүүд илүү өндөр амжилтад хүрч, хүмүүстэй харилцаа сайтай, сэтгэл зүй нь тогтвортой, өндөр орлоготой байсан байна.

Хүмүүс ихэвчлэн аз жаргалтай байхын тулд тодорхой нөхцлүүдийг хангасан байх ёстой гэж боддог. Тэд 'их мөнгө олчихвол,' 'сайн ажилтай болбол,' 'эрүүл байвал,' 'хүүхдүүд нь сайн сургуульд сурвал' гэх мэт болзолтой байж л аз жаргалтай байна гэж үздэг. Гэвч аз жаргалын талаар удаан хугацааны турш судалсан Америкийн эерэг сэтгэл зүйн судлаач, профессор Сония Любомирский эд баялаг, амжилт зэрэг хүчин зүйлүүд нь аз жаргалын нөхцөл биш, зөвхөн аз жаргалын үр дүн юм гэж үзээд: *"Аз жаргалыг авчирдаг зүйл бол амьдралын эерэг хандлага бөгөөд түүгээр дамжуулан хүмүүс илүү бүтээмжтэй, эрүүл дархлаатайгаар илүү сайн мөнгө олдог"* гэж хэлжээ. Өөрөөр хэлбэл өөрийнхөө тухай эергээр бодох, хүрээлэн буй орчин, ирээдүйд эерэг хандах нь таны амьдрал ямар байхыг шийднэ гэсэн үг.

Амьдрал бол эерэг ба сөрөг төсөөллийн тэмцэл

Амьдрал бол эерэг ба сөрөг хоёрын дундах тэмцэл юм. Хүний зүрх сэтгэл ч эерэг ба сөрөг хоёрын хоорондох тулааны талбар. Тиймд Сургаалт үгс 4:23-т *"Зүрх юугаан урьтан хамгаал. Амийн булгууд түүнээс ундарюу"* гэжээ.

Харж буй зүйл чинь зүрх сэтгэлээс тань хамаарч өөр өөр байдаг. Нэг зүйлийг нэг газар, нэгэн зэрэг харсан ч таны зүрх сэтгэл, сонирхлоос шалтгаалаад бүх зүйл өөр харагддаг. Усан цөөрмийг харсан усанд сэлэлтийн тамирчин сэлэхийг, загасчин том загас барихыг мөрөөддөг. Тариачин тариалангийн талбайгаа усалж, арвин ургац хурааж байна гэж төсөөлдөг бол зугаа цэнгэлд дурлагчид урсгал сөрөн завь унаж байна гэж төсөөлөх болно. Юуг ямар өнцгөөс, ямар зүрх сэтгэлээр харах нь ийм чухал.

Судлаач Томас Ж.Стэнли 733 саятан хүнээс санал асуулга авч, ярилцлага хийснийхээ дараа "Саятны оюун ухаан" нэртэй номоо бичжээ. Тус номдоо тэрээр *"Саятнууд бүгд сайн боловсролтой элитүүд биш, асар их өвийг залгамжилсан хүмүүс ч биш. Тэд бол саятан болох мөрөөдөлтэй, саятан гэсэн сэтгэлгээгээр зэвсэглэсэн хүмүүс юм"* гэж дүгнэсэн байдаг. Номд хэлсэнчлэн ямар сэтгэлээр хандаж байгаагаас шалтгаалан таны үг, нүүрний хувирал өөрчлөгддөг. Хувцаслалт чинь өөрчлөгдөж, зан араншин чинь өөрчлөгддөг. Зүрх сэтгэлээс тань шалтгаалж таны итгэл ч бас амьдрал чинь ч өөрчлөгддөг. Тиймээс та өөрийгөө аз жаргалтай, амжилттай, сайн сайхан байгаагаар мөрөөдөж, тийнхүү харах ёстой. Өдөр бүр эерэг имижийг бүтээх хэрэгтэй.

Хатагтай Келли Чой Францад бизнес эрхэлж байхдаа нэг тэрбум воны өртэй болж бүтэлгүйтжээ. Гэхдээ тэрээр шантралгүйгүйгээр их хөрөнгийг бий болгосон 1000 гаруй хүмүүстэй уулзаж, судалж, эд баялаг, амжилтын зарчмыг нь сурч, амьдралдаа хэрэгжүүлсэн байна. Үүний үр дүнд Европын 12 улсад 1200 дэлгүүртэй "Kelly Deli" хэмээх глобал компани байгуулж, жилийн борлуулалт нь 600 тэрбум вонд хүрчээ. Ерөнхий захирал Келли Чой "Баялаг сэтгэх" хэмээх бестселлер номдоо эрүүл баялгийн тухай ойлголтыг танилцуулж, амжилтад хүрэх гол хүчин зүйлийг онцолсон байдаг:

"Хэрэв та надаас амжилтад хүрэх гол хүчин зүйл юу вэ

гэж асуувал би эргэлзэхгүйгээр ‘дүрслэл’ гэж хариулах болно. Дүрслэл бол баялаг сэтгэхийн гол хүчин зүйл. Дүрслэл бол хүсэж буй хамгийн тохиромжтой амьдралаа төсөөлж, далд ухамсартаа тэр зураглалыг бий болгох явдал юм”

Амьдралдаа амжилтад хүрэх хамгийн чухал зүйл бол төсөөллөө хэрхэн зурах вэ гэдэгт оршино. Тамирчдын амжилт ч мөн адил. Тэд төсөөлөх сургалтын(image training)ач холбогдлыг мэдэж, удаан хугацааны турш түүгээр бэлтгэгддэг. Өөрийгөө дасгал сургуульдаа сайн байгаагаар, өөрийгөө ялж байна гэж төсөөлөн бэлтгэл хийдэг. Үүнтэй төстэй зарчмыг ашиглан анх удаа боулинг сурч байгаа хүмүүсийг хоёр бүлэгт хувааж, боулинг тоглохыг заах туршилт явуулсан байдаг. Дасгал сургуулилтыг видео бичлэг дээр буулгаж, нэг бүлэгт зөвхөн сайн хийсэн, нөгөө бүлэгт зөвхөн муу хийсэн үзэгдлүүдийг үзүүлсэн байна. Үр дүнд нь боулинг сайн тоглож байгааг харсан багийн ур чадвар эрс сайжирчээ. Үүний дараа муу тоглож байсан бүлгийн хүмүүст эерэг бичлэгийг байнга үзүүлтэл тэдний ур чадвар дахин сайжирсан байна.

Сун Хин Мин бол Солонгосоос төрсөн дэлхийн

хэмжээний хөл бөмбөгчин билээ. Катар улсад 2022 онд болсон Дэлхийн аварга шалгаруулах тэмцээний дараа тэрээр Сингапурын "Augustman" хэвлэлд өгсөн ярилцлагадаа тухайн үеийн өөрийн мэдрэмжээ дараах байдлаар илэрхийлсэн байдаг:

> "Эерэг сэтгэлгээ чухал. Дэлхийн аварга шалгаруулах тэмцээний өмнөхөн нүүрний ясны гэмтэл авах үед хүмүүс 'Сун Хин Миний дэлхийн аварга үгүй боллоо' гэж хэлж байсан. Гэхдээ би эергээр бодсон. Би ДАШТ-д оролцоно гэдэгтээ иттэлтэй байсан."

Дээрх үгсээс та Сун Хин Минд байсан хүчирхэг эерэг чанарыг мэдэрч байгаа байх. Ийм хэцүү нөхцөл байдалд ч гэсэн эерэг төсөөлөйиг зураглах нь маш чухал юм. Голландын нэрт ирээдүй судлаач Фред Полак төсөөллийн ач холбогдлын талаар ийн хэлсэн юм. "*Ирээдүйнхээ талаарх төсөөллийн өсөлт, бууралт нь тухайн соёлынхоо өсөлт, уналтаас өмнө юмуу эсвэл зэрэг явагддаг. Нийгмийн төсөөлөл эерэг, хөгжил дэвшилтэй байвал соёл ч цэцэглэдэг. Харин тэрхүү төсөөлөл нь буурч, эрч хүчээ алдаж эхэлбэл тэр соёл ч удаан үргэлжилдэггүй.*"

Та бүхэн ямар төсөөллийг зураглаж байна вэ? Та өөрийгөө, бусдыг, ажлынхаа талаар ямар төсөөлөлтэй байна вэ? Та өөрийнхөө асуудлын талаар эсвэл гэр бүл, сүм чуулган, компани эсвэл нийгмийнхээ талаар ямар зураглалтай байна вэ? Эерэгээр зураглаж байна уу? Эсвэл сөргөөр зураглаж байна уу? Мэдээжийн хэрэг эерэг бодол эерэг төсөөллийг авчирдаг бол сөрөг бодол нь сөрөг төсөөллийг авчирдаг. Мөн бидний ирээдүй тэрхүү төсөөллөөс хамаарч өөрчлөгдөнө.

Эерэг энергитэй хүнтэй хамт бай

Энерги долгион үүсгэж, бусад объектод урвал үүсгэх үед үүнийг *'синхрончлох цзэгдэл'* гэж нэрлэдэг. Хийлийн чавхдасыг адил хөгөөр хөглөсний дараа нэг чавхдасыг татахад нөгөө чавхдас нь хамт дуугардаг. Хүний сэтгэл хөдлөлд бас автах үзэгдэл бий болж болно. Хэн нэгэн сэтгэлээр унасан үед би ч гэсэн сэтгэлээр унаж, хэн нэгэн цовоо, баяр баясгалантай байвал дагаад надад ч бас сайхан санагддаг. Сөрөг энергийн хувьд ч мөн адил. Хэн нэг нь сөргөөр бодож, сөрөг юм ярьвал бусад хүмүүст ч халдварладаг. Тиймээс би эхлээд эерэг энергийг синхрончлох замаар эерэг хамт олныг бий болгох ёстой.

Эерэг төсөөллийг бэхжүүлэх хамгийн сайн арга бол эерэг энергитэй хүмүүсээр өөрийгөө хүрээлүүлэх явдал билээ. ‘PEP - Positive Energy Program’ нэртэй хөтөлбөрөөр дамжуулан АНУ даяар эерэг энерги түгээж буй эерэг байдлын мэргэжилтэн, бестселлер зохиолч Жон Гордон “Энергийн автобус” номдоо эерэг энергийг бэхжүүлэх нууцыг танилцуулжээ. Тэрхүү нууц нь эерэг энергитэй хүмүүсийг цуглуулж, энергийн автобусанд суулгаж, амьдралынхаа зорилгын төлөө хамтдаа гүйх ёстой гэсэн байна. Тэрээр сөрөг энерги цацруулдаг хүмүүстэй уулзаж, нийлэхгүй байхыг онцолжээ. Бидний эерэг энергийг шавхдаг хүмүүст хэрэггүй энерги зарцуулахын оронд эерэг энерги цацруулдаг хүмүүстэй уулзаж, нөхөрлөж, илүү нандин, сайхан зүйлсийг төлөвлө гэжээ.

Орчин үеийн менежментийг үндэслэгч гэгддэг Том Петерс бизнесменүүдэд *“Эерэг хариуг ойр ойрхон өг!”* гэсэн чухал зөвлөгөөг өгсөн байдаг. Ажилчдад эерэг хариу өгөх нь сөрөг хариу өгөхөөс 30 дахин илүү үр дүнтэй байдаг. Есүс мөн үгийн үрийг сайн хөрсөнд тарих үед 30 дахин их үр жимс ургуулж чадна гэж хэлсэн байдаг (Марк 4:20). Эерэг сэтгэл бол Бурханы үгийг хүлээн авч чадах сайн хөрс юм. Эерэг сэтгэлтэй, эерэг үг хэлдэг хүмүүс дор хаяж 30 дахин илүү үр дүнд хүрэх боломжтой.

Дэлхийд алдартай социологич Каммин Уолк амжилтад хүрэх дөрвөн хүчин зүйл байдаг гэж хэлсэн. Эхнийх нь ***оюун ухаан***(IQ), хоёрт ***мэдлэг,*** гуравт ***чадвар,*** дөрөв дэх нь ***хандлага.*** Тэрээр эдгээрээс 'эерэг хандлага' нь амжилтыг тодорхойлоход 93%-иас илүү чухал гэж хэлжээ. Эерэг хандлага нь хүмүүсийн хоорондын харилцаа, амьдралын амжилтад асар их нөлөө үзүүлдэг. Тиймээс эерэг хандлага, энергитэй хүмүүстэй нэгдвэл хийж чадахгүй зүйл гэж үгүй. Хязгааргүй боломж бий болох болно. Бид ч мөн эерэг хүмүүстэй туйлын эерэг энергийн автобусанд сууж, Бурханы удирдах мөрөөдөл, алсын хараа руу гүйх ёстой.

1,330 удаагийн алдааг ч эергээр харах

Бурханы мөрөөдөл рүү явах үед алдаа, бүтэлгүйтэлтэй тулгардаг. Зовлон ч ирнэ. Гэсэн хэдий ч хэрэв та ямар ч нөхцөлд туйлын эерэг хандлагатай байвал ямар ч цөхрөлийг даван туулж чадна.

Америкийн мэргэжлийн бейсболын түүхэн дэх

хамгийн алдартай тоглогч бол Бэйб Рут. Тэрээр 714 хоумран цохилт хийсэн нь 1976 оныг хүртэл дэлхийн дээд амжилтыг тогтоожээ. Бөмбөгийг цохихоосоо өмнө цохиураараа хоумран хийх зүгээ зааж байсан түүний 'урьдчилсан хоумран' нь кино, үлгэрт их гардаг. Харин Бэйб Рутыг хоумран цохилтын хаан гэдгийг олон хүн мэддэг ч түүнийг бөмбөг алдаж байснаараа ч дээд амжилт эзэмшдэг гэдгийг нь олон хүн мэддэггүй.

Тэрээр 1,330 удаа цохилт алдсан бөгөөд бейсболын олон мэргэжилтнүүд энэ амжилтыг давах нь түүний хоумран цохилт хийсэнтэй адил хэцүү гэдгийг хүлээн зөвшөөрдөг. Бэйб Рут 714 удаа хоумран цохилт хийхийн тулд 1,330 цохилтын алдаа гаргажээ. Эцсийн дүндээ 1,330 алдаа түүнийг Дээд лигийн түүхэн дэх хамгийн агуу бейсболчин болгосон юм. Алдаа эсвэл бүтэлгүйтлээс айдаг хүмүүс сайн талаа дээд зэрэгт хүргэж чадахгүй. Алдаа, бүтэлгүйтлийн дунд ч гэсэн туйлын эерэг байж, өөртөө итгэх итгэлтэй байх ёстой.

Усан онгоцны чиглэлийг салхи тодорхойлдоггүй. Харин дарвуулын чиглэл нь усан онгоцны чиглэлийг тодорхойлдог. Мөн шаар хэр өндөрт хөөрөх нь өнгө, салхины чиглэлээс бус, дотор нь ямар материал байгаагаар тодорхойлогддог. Үүнчлэн бидний зүрх сэтгэлд ямар бодол төрж байгаа нь амьдралын маань чиглэл, амжилтыг тодорхойлдог.

Александр Флеминг пенициллинийг зохион бүтээж байх үед нэг ийм явдал болжээ. Тэрээр бага насны хүүхдүүдийн дунд тархаад байсан хатгийг судалж байгаад нян үржүүлэх тавгаа таглалгүй ажлаасаа гарчээ. Үүний дараа таглаагүй таваг дээр хөх мөөгөнцөр үүсэж, тавагт үржүүлж байсан нянгууд бүгд үхсэн байхыг харжээ. Гэсэн хэдий ч тэрээр урам хугарах, алдааны өмнө бууж өгөхийн оронд хөх мөөгөнцрийг судалж, пенициллинийг зохион бүтээж, Нобелийн шагнал хүртсэн юм. Лабораторийн тавгаа таглаагүй гэсэн алдааныхаа талаарх түүний эерэг хандлага нь шинэ амжилтад хүрэх зам нь болжээ.

Америкийн нэгэн Христэд итгэгч нь аз жаргалтай гэхээсээ илүү бүтэлгүйтэл, бухимдлаар дүүрэн амьдралаар амьдарчээ. Түүнийг 22 настай байхад бизнес нь бүтэлгүйтэж, 23 настайдаа мужийн гишүүний сонгуульд ялагдсан бол 24 настайд нь дахин бизнес нь бүтэлгүйтэж, 25 настайдаа мужийн гишүүний сонгуульд сонгогдож, 26 настайд нь хайртай эмэгтэй нь нас баржээ. Улмаар 27 настайдаа мэдрэлийн ядаргаа, шизофрени өвчнөөр өвдөж, 29 настайдаа их хурлын даргад нэр дэвшин ялагдаж, 31 настайдаа Ерөнхийлөгчийн сонгуулийн хорооны сонгуульд ялагдаж, 34 настайдаа Төлөөлөгчдийн танхимын сонгуульд ялагдаж, 37 настайдаа арай ядан Төлөөлөгчдийн танхимд сонгогдсон ч хоёр жилийн дараа дахин ялагдал хүлээсэн байна. Тэгээд ч зогсохгүй 46 настайдаа Сенатын сонгуульд ялагдаж, 47 дахь дэд ерөнхийлөгчийн сонгуульд өрсөлдөн ялагдаж, 49 настайдаа Сенатын сонгуульд ялагдаж, дараа нь 51 настайдаа тэрээр АНУ-ын 16 дахь Ерөнхийлөгчөөр сонгогджээ. Энэ хүн бол Аврахаам Линкольн.

Тэрээр хар арьстнууд болон боолуудыг чөлөөлснөөр АНУ-д жинхэнэ хүний эрх, энх тайвныг тогтоох агуу суурийг тавьсан Бурханы ажилчин болсон юм. Түүний амьдрал урам хугарал, бүтэлгүйтлийн үргэлжлэл мэт санагдсан ч тэрээр шантралгүй, туйлын зэрэг итгэлээр урагш тэмүүлсэн тул Бурхан түүгээр дамжуулан агуу зүйлсийг хийжээ.

Хэн ч, юу ч гэж хэлсэн Ионаг сана

Бидний сайн мэдэх алдарт зохион бүтээгч Томас Эдисон эрэг хүн байсан. Гэсэн хэдий ч түүний өнгөрсөн амьдралыг харвал золгүй явдлууд илүү их байдаг. Жишээлбэл тэрээр хүүхэд байхдаа сонин зарж яваад галт тэрэгнээс унаж, сонсголын бэрхшээлтэй болж маш их зовжээ. Эдисон сонин зарж байхдаа галт тэрэгний нэг буланд туршилт хийдэг байв. Нэг өдөр галт тэрэгний чичиргээний улмаас туршилтын химийн бодис унаад гал гаргажээ. Галт тэрэгний дарга уурлаж, Эдисоныг түлхсэнээс болж тэрээр унахдаа чихээ гэмтээжээ. Энэ нь түүний цаашдын судалгааны амьдралд саад болж болох л байсан. Хожим нь хэн нэгэн түүнээс *"Сайн сонсож чадахгүй байх нь судалгаа хийхэд хэцүү байсан уу?"* гэж асуухад тэрээр ийнхүү хариулжээ: *"Би дүлий болсондоо талархдаг. Учир нь би өөр дуу чимээнд санаа зоволгүй судалгаандаа төвлөрч чадсан."*

Эдисоны мэндэлсний 100 жилийн ойг тэмдэглэх арга хэмжээ 1947 оны 2 сарын 8-нд болсон юм. Тэр үед хүмүүс Эдисоны амьдарч байсан өрөөг тойруулан харж яваад түгжээтэй шүүгээг олсон байна. Юу байгаа болоод 100 жил түгжээтэй байгааг нь мэдэхийн тулд шүүгээг хүчээр онгойлгов. Гайхалтай нь, дотор нь *"Харанхуй газар унасан цедээ хэн ч, юу ч хэлсэн Ионагийн тухай бод"* гэсэн бичигтэй цаас байв.

Эш үзүүлэгч Иона Бурханы хүслийн эсрэг зугтаж

яваад далайд унаж, том загасны гэдсэнд ордог (Иона 1:17). Гэвч Бурхан түүнийг хамгаалж, очих ёстой Ниневе хот руу нь хүргээд, нулимж гаргасан (Иона 2:1-10). Дуулгаваргүй, зөрүүд Ионагаар дамжуулан Бурхан ажлаа хийж, Ниневег аварсан гэдгийг бид санах ёстой. Эдисон ийм утгатай зүйлийг бичиж, туйлын эерэг итгэлээр амьдрахыг хичээсэн байна. "Хүнд, хэцүү үедээ Ионагийн тухай бодож, дахин хичээцгээе." Амьдрал хэчнээн хүнд, хэцүү байсан ч туйлын эерэг хандлага, итгэлтэй байх аваас бидний амьдрал дахин сэргэж чадна.

Эерэг хүн сэргэх чадвар сайтай

Эерэг бодолтой хүмүүс ямар ч бэрхшээлийг даван туулж чадна. Хүнд бэрхшээлийг даван туулах хүчийг ***'сэргэх чадвар'*** гэж нэрлэдэг бөгөөд энэ нэр томьёог сэтгэл судлал, нийгэм, эдийн засаг, боловсрол гэх мэт янз бүрийн салбарт ашигладаг.

Профессор Эмми Вемер, Рут Смит нарын баг 1955 оноос эхлэн Хавайн арлуудаас нийгэм, эдийн засгийн хувьд хомсдолтой Кауай аралд төрсөн 833 хүүхдийг 30 гаруй жилийн турш дагажээ. Эдгээр хүүхдүүдийн гуравны хоёр орчим нь ядуу орчинд сурч боловсрох боломжгүй, хар тамхинд донтох, нийгэмд дасан зохицохгүй байх зэрэг асуудалтай байв. Гэвч нэн ядуу орчин буюу эрсдэлт бүлгийн 201 хүүхдийн 72 нь сэргэлэн цовоо, эрүүл чийрэг залуу болж өссөн байжээ. Судалгааны үр дүнд эдгээр хүмүүст нийтлэг байсан зүйл нь бэрхшээлийг даван туулах эерэг байхын хүч байлаа.

Профессор Вемерийн баг үүнийг сорилт, бэрхшээлийг даван туулах эерэг хүч гэсэн утгаар ***'сэргэх чадвар'*** гэж нэрлэсэн юм. Аливаа обектив зүйл уян хатан чанартай байдаг шиг хүнд ч гэсэн ёроолд хүрээд дахин босох сэргэх чадвар байдаг болохыг тогтоосон юм. Профессор Вермерийн баг сэргэх чадварт гурван хүчин зүйл багтдаг гэжээ. Эдгээр нь *өөрийгөө удирдах чадвар, хүмүүстэй харилцах чадвар, эерэг хандлага* юм. Эдгээрээс хамгийн чухал нь "эерэг байдал" гэж тэд хэлдэг. Тэрээр эерэг сэтгэлгээг бэхжүүлснээр өөрийгөө удирдах чадвар, хүмүүстэй харилцах чадварыг нэгэн зэрэг нэмэгдүүлэх боломжтой бөгөөд эерэг байдлыг зуршил болгосноор хэн ч сэргэх чадвараа нэмэгдүүлж чадна гэж тайлбарласан байна.

"Сэргэх чадвар" гэдэг нь зовлон зүдүүр, золгүй явдал тохиолдсон хувь хүн эсвэл нийгэм урам хугарахгүйгээр эргэн сэргэж, өөрийн байр сууриндаа очих эсвэл илүү өндөрт дэвших чадвартай байхыг хэлнэ. Хүүхдийн зохиолч Ханс Кристиан Андерсений бүтээлүүд сэргэх чадварын сайн жишээ болдог. Хэдий нэн ядуу айлд төрж, олигтой боловсрол эзэмшээгүй ч өөрийгөө "Чүдэнз зардаг охин" болгон сайжруулж, хүнд зовлон дундаа "Бяцхан лусын дагина" хэмээх бүтээлээ хэвлүүлсэн юм. Царай муутай гэж шоолуулж байсан туршлагадаа үндэслэн "Нугасны муухай дэгдээхэй"-гээ бүтээсэн юм. Хэдийгээр амьдралд тохиолдсон сорилт бэрхшээлээс зайлсхийж чадаагүй ч түүн дээрээ тулгуурлан босож гайхалтай амжилтад хүрчээ. Тийнхүү бүдрэх чулууг гишгүүр чулуу болгон хувиргасан юм. Эерэг хүмүүс амьдралын аливаа бэрхшээлийг даван туулж, Бурханы мөрөөдлийг биелүүлж чадна.

Өөрийн эерэг байдлын үзүүлэлтээ (PQ, Positivity Quotient) дээшлүүл

Хүн бүрийн оюуны чадвар(IQ), мэдрэх чадвар(EQ) өөр байдагтай адил хүн бүрийн эерэг чанарын(PQ, Positivity Quotient) үзүүлэлт бас өөр өөр байдаг. Хувь хүний эерэг байдлын индексийг нэмэгдүүлбэл таны амьдрал, итгэл үнэмшилд утга учиртай өөрчлөлтүүд гарч, хамт олны эерэг байдлын индексийг нэмэгдүүлбэл хамт олон шинэчлэгдэж, том зорилгодоо хүрэх боломжтой болдог. Өмнөх хэсэгт эерэг байх зарчмын дагуу амьдралд гарч буй өөрчлөлтүүдийн талаар ярьсан бол энэ хэсэгт өөрийн эерэг байдлын индексээ шалгаж, өсгөх талаар ярихыг хүсэж байна. Юуны түрүүнд Бурханд хандсан туйлын эерэг итгэл дээр тулгуурласан "Таван талт эерэг байдал"-ын тухай хуваалцмаар байна.

Эдгээрээс хамгийн чухал нь ***өөртөө эерэг хандах*** юм. Бүх бодол өөрөөс эхэлдэг. Хэрэв бид эхлээд өөртөө эерэг хандахгүй бол бусдад эсвэл хамт олондоо эергээр хандаж чадахгүй. Хоёрдугаарт, ***бусдад эерэг хандах*** юм. Библид "*Бие биенээ өөрсдөөсөө дээгүүр дээдлэн хүндэл*" гэж бичсэн байдаг (Ром 12:10). Амжилттай харилцааны үндэс нь харилцаж буй хүнээ хүндэлж, эергээр хандах явдал юм. Гуравдугаарт, ***ажилдаа эергээр хандах***. Өөрийн хийж буй ажилдаа эергээр хандаж, хариуцлагатай байх ёстой. Гэртээ ч, ажил дээрээ ч, чуулган дээрээ ч өөрийн дааж авсан ажилдаа эерэг хандлагатай байвал баяр баясгаланг мэдэрч, сайн үр дүнд хүрч чадна. Дөрөвдүгээрт, ***нөхцөл байдалдаа эерэг хандах*** юм. Амьдрах явцад том, жижиг асуудал, бэрхшээлүүдтэй тулгарах болно. Энэ үед тэрхүү асуудалд хандах хандлага нь чухал. Иттэгчид асуудалтай тулгарах үедээ асуудлаас илүү Агуу Бурханыг харж, итгэлээр ялсан түүхтэй. Үүнээс гадна өөрийн харьяалагддаг хамт олны талаар эерэг бодолтой байх нь чухал бөгөөд таны харьяалагддаг чуулган эсвэл компаний талаарх эерэг байдал нь таны итгэл, ажил, аз жаргалд асар их нөлөө үзүүлдэг. Эцэст нь ***ирээдүйнхээ талаарх эерэг хандлага*** юм. Амьдрал таны мөрөөдөж, харж байгаагаар өрнөдөг. Ирээдүйн талаар маш их хүлээлттэй байх хэрэгтэй. Хэрэв та Бурханы мөрөөдлийг тээж, итгэлээр урагшилбал сайн сайхан зүйл тохиолдох нь гарцаагүй.

Энэ таван төрлийн эерэг байдлаар өөрийгөө зэвсэглэхийн тулд гурван төрлийн дасгалжуулалт чухал юм. Нэгдүгээрт, ***эергээр ярьж, тунхаглаж сурах*** нь чухал юм. Хэрэв та өөрийнхөө, бусдын, хийж байгаа зүйл, нөхцөл байдал, ирээдүйнхээ талаар эерэг үгсээр тунхаглавал танд болон таны харьяалагддаг хамт олонд гайхалтай өөрчлөлтүүд гарах болно. Хоёрдугаарт, ***үргэлж талархахыг сурах*** нь чухал юм. Юу ч хийсэн талархалтай байж, талархлаа өчиж байх хэрэгтэй. Бурханаас ирэх гайхамшгууд өдөр бүр талархдаг хүмүүст тохиолддог. Гуравдугаарт, бид ***хайраа***

хуваалцах дасгал хийх ёстой. Сэтгэлээр унагсад, асуудал үүсгэдэг хүмүүс зөвхөн өөртөө болон сэтгэл хөдлөлдөө анхаарлаа хандуулдаг. Эдгээр хүмүүс илүү аз жаргалгүй болох магадлалтай. Гэсэн хэдий ч хэрэв хайраа хуваалцаж эхэлбэл эерэг хүн болж чадах бөгөөд эерэг хүн хайрыг илүү хуваалцаж чадна.

Таван төрлийн эерэг байдал, гурван төрлийн дасгалжуулалтын үндэс нь Бурханд хандах эерэг хандлагад оршдог. Бурханд хандах эерэг сэтгэлгээтэй хүн бүх зүйлд эерэг байж чадна. Бурхан бол туйлын эерэг Бурхан мөн. Бурханд итгэдэг, Түүнийг дагадаг хүн бүр туйлын эерэг байдлын булгийн эерэг усаар тогтмол хангагдах боломжтой.

Туйлын Эерэг Байхуйн Диаграм

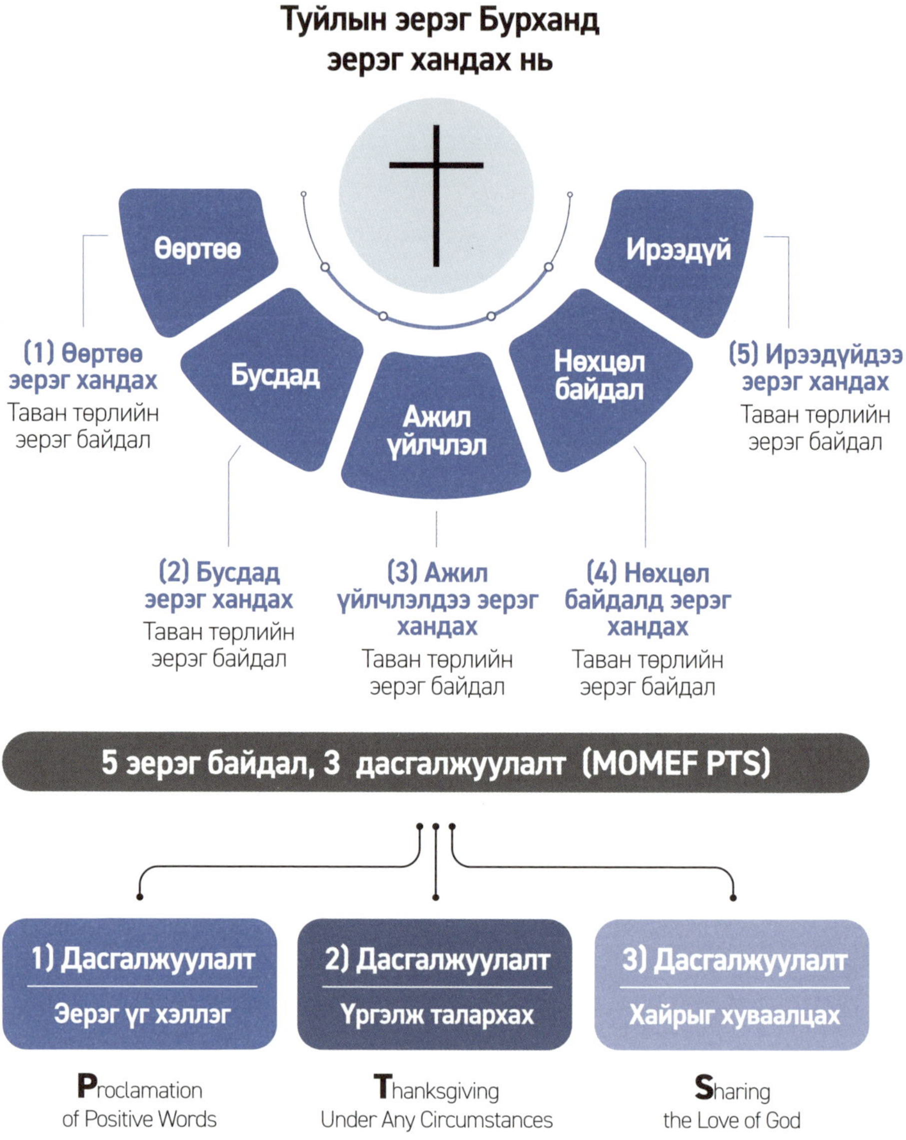
Туйлын эерэг Бурханд
эерэг хандах нь
Өөртөө
Бусдад
Ажил үйлчлэл
Нөхцөл байдал
Ирээдүй
(1) Өөртөө эерэг хандах
Таван төрлийн эерэг байдал
(2) Бусдад эерэг хандах
Таван төрлийн эерэг байдал
(3) Ажил үйлчлэлдээ эерэг хандах
Таван төрлийн эерэг байдал
(4) Нөхцөл байдалд эерэг хандах
Таван төрлийн эерэг байдал
(5) Ирээдүйдээ эерэг хандах
Таван төрлийн эерэг байдал
5 эерэг байдал, 3 дасгалжуулалт (MOMEF PTS)
1) Дасгалжуулалт
Эерэг үг хэллэг
2) Дасгалжуулалт
Үргэлж талархах
3) Дасгалжуулалт
Хайрыг хуваалцах
Proclamation of Positive Words
Thanksgiving Under Any Circumstances
Sharing the Love of God

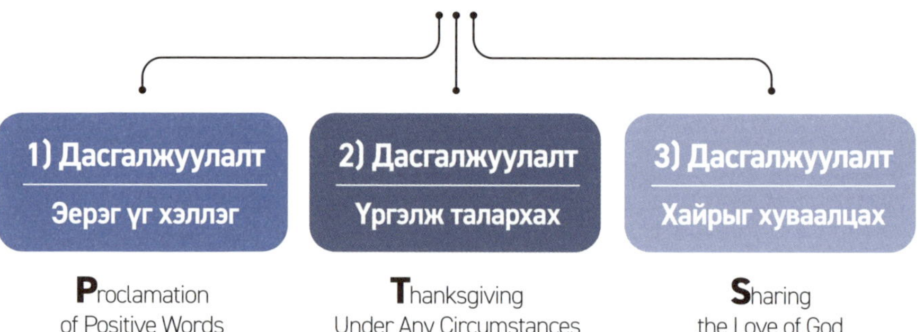

Positivity Quotient Check List

Туйлын эерэг байдлаа шалгах хүснэгт ☑

Таны эерэг хандлагын үзүүлэлт (PQ) хэд вэ?

Өгөгдлүүдийг уншаад тохирох нүдийг чагтална уу!

Хэмжих асуултууд	Огт тийм биш	Тийм биш	Ихэнхдээ	Тийм	Яг тийм
	1 оноо	2 оноо	3 оноо	4 оноо	5 оноо
1. Би стресст орсон үедээ эергээр бодож, даван туулдаг хандлагатай.					
2. Амьдралд хандах хандлага, чиг хандлагаа сөрөг сэтгэл хөдлөлөөр шийддэггүй.					
3. Хэдий зовлон зүдүүр, бэрхшээл тохиолдсон ч түүнээсээ сургамж авч дахин босдог.					
4. Би ихэвчлэн эерэг байдлын хүчинд итгэдэг бөгөөд үүнийг маш их ухамсарладаг.					
5. Би амьдралынхаа үлдсэн хугацаанд болон ирээдүйд маш их хүлээлттэй байна.					
6. Хүрээлэн буй орчин эсвэл хүмүүсийг харахдаа харанхуй талаас илүү гэрэл гэгээтэй талыг нь харахыг хичээдэг.					
7. Өөрийгөө сайн эсвэл амжилтад хүрч байгаагаар төсөөлж, хардаг.					
8. Миний эргэн тойронд сөрөг зүйл ярьдаг хүмүүсээс илүү эерэг зүйл ярьдаг нь их цуглардаг.					
9. Аливаа зүйлийг эхлүүлэхийн өмнө бүтэлгүйтэж магадгүй гэж боддоггүй.					
10. Миний дотор маш их хайр, эерэг энерги бий.					

Асуулт бүрийн оноог нэмнэ.

Эерэг хандлагын үзүүлэлтийн нийлбэр (_____ оноо)

Бурханыг хайрладаг,
Түүний зорилгын дагуу дуудагдсан хүмүүсийн сайн сайхны төлөө
бүх юм хамтдаа ажилладаг гэдгийг бид мэднэ.

Ром 8:28

Бүлэг 02

Туйлын эерэг Бурханд эерэг хандах нь

Бүлэг **02**

Туйлын эерэг Бурханд эерэг хандах нь

> Боломжгүй гэдэг үгийг хэзээ ч битгий хэл.
> Зүгээр л хогийн саванд хий.
>
> **- Гёте**

Би өөрийн сүнслэг зөвлөгч, пастор Ён Ги Чойгоосоо Ариун Сүнсээр дүүрэн байхын ач холбогдол болон туйлын эерэг итгэлийн талаар суралцсан. Ён Ги Чой пастор маань Ариун Сүнсээр дүүрэн байхыг хүсэн үргэлж чин сэтгэлээсээ залбирдаг, туйлын эерэг итгэлээр Бурханы үгэнд ойр байсан. Энэ хоёр зүйл миний амьдрал, итгэл үнэмшлийн чухал багана болсон тул эдгээрийн хоорондын тэнцвэрийг хадгалахыг үргэлж хичээдэг. Учир нь Ариун Сүнсний дүүргэлт ба туйлын эерэг итгэл хамт байх үед хаана ч байсан, ямар ч ажил хийсэн сайн хийж чадна гэдгийг би мэдэрсэн юм.

Сайн Бурханаар дамжуулан эдэлдэг туйлын эерэг байдал

Таны мэдэх ёстой хамгийн эхний зүйл бол Бурхан бол туйлын эерэг Бурхан, Тэр бол сайн, Түүний хайр энэрэл мөнхийнх гэдгийг мэдэх. Христитгэл нь сайн Бурханд итгэх итгэлээс эхэлдэг. Эзэн Бурхан тэнгэр, газар, хүн төрөлхтнийг бүтээснийхээ дараа бүтээсэн бүхнээ харахад маш сайхан байна гэж хэлсэн. "*Өөрийнх нь бүй болгосон бүгд нэн сайн болсныг Бурхан харлаа*" (Эхлэл 1:31). Хэдийгээр хүн бардамнал, дуулгаваргүй байдлаас болж нүгэлд унасан ч Бурхан Өөрийн бүтээсэн хүн төрөлхтнийг болон ертөнцийг хайрлаж, Христ дотор шинээр бүтээхээр шийдсэн юм (Ефес 1:4).

Христитгэл бол Бурханы үг ба Есүсийн загалмай дээр төвлөрсөн туйлын эерэг итгэл. Есүс Христийн сайнмэдээнд сөрөг зүйл юу ч байхгүй. Загалмайн сайнмэдээ бол бүрэн төгс сайнмэдээ бөгөөд бидэнд хандсан туйлын эерэг мэдээ юм. Бурхан бидэнд хайртай тул бидний сүнс, сэтгэл сайн сайхан байгаагийн адилаар бүх зүйл сайн сайхан, бие махбодын хувьд эрүүл энх байгаасай гэж хүсдэг (3Иохан 1:2). Тэр бидэнд маш их хайртай учраас Есүс Христийн загалмайгаар дамжуулан бүх хүн төрөлхтөнд хамгийн баяр хөөртэй, ерөөлтэй сайнмэдээгээ өгсөн билээ. Тэрхүү сайнмэдээ нь хэрэв та Есүст итгэвэл аврал, мөнх амийг олж, дахин төрөх тухай сайхан мэдээ. Мөн Их Эзэний Сүнсээр дүүргэгдэж, Ариун Сүнсээр дүүрэх сэргэлтийн мэдээ, сүнслэг болон бие махбодын эдгэрлийг авчирдаг эдгэрлийн сайнмэдээ, бүх зүйл тань сайн сайхан болж, ерөөгддөг сайнмэдээ, Есүс Христийн дахин ирэлтийн дараа биелэх мөнхийн хаанчлал, мөнхийн улсад орох болно гэсэн сайнмэдээ. Товчхондоо итгэл найдварын сайнмэдээ юм.

Бид загалмайгаар дамжуулан өгөгдсөн таван сайнмэдээнээс бат зуурах хэрэгтэй. Урмыг маань хугалж, цөхрөлд хүргэдэг бодлуудынхаа эсрэг тэмцэх ёстой. Бид сайн Бурхан, ариун Бурхан, итгэмжит Бурхан, хайрын Бурханыг харж, туйлын эерэг итгэлээр урагшлах ёстой. Миний дуртай Библийн эшлэлүүдийн нэг бол Ром 8:28. Эдгээр үгс нь бүхнийг захирагч Бурханы хийж буй бүх зүйл хамтдаа сайн сайхны төлөө ажилладаг гэсэн туйлын эерэг мэдээг агуулдаг.

"Бурханыг хайрладаг, Түүний зорилгын дагуу дуудагдсан хүмүүсийн сайн сайхны төлөө бүх юм хамтдаа ажилладаг гэдгийг бид мэднэ" Ром 8:28.

Бурханы эрх мэдэлт хайр, түүн доторх эерэг байдал

Библийн гол дүр нь Есүс Христ бол сэдэв нь Бурханы хайр юм. Бид ядарсан, сэтгэлээр унасан эсвэл зовлон зүдүүр дунд байхдаа Библийг уншсанаар Бурханы хайрын дуу хоолойг сонсож чадна. Библийг төлөөлөх эшлэл бол Иохан 3:16 бөгөөд үүнийг Христийн сайнмэдээний үндсэн эшлэл гэж хэлдэг.

"Бурхан ертөнцийг үнэхээр хайрласандаа цорын ганц Хүүгээ өгсөн тул Хүүд итгэдэг бүхэн мөхөхгүй харин мөнх амьтай байх болно" Иохан 3:16

Бурхан нүгэлт биднийг алдаа дутагдлаар дүүрэн, Өөрийг нь ч мэддэггүй байхад эхлээд хайрласан. Түүний Хүү Есүс Христ бидний нүглийн төлөөсийг төлсөн юм.

"Эхлээд Тэр биднийг хайрласан тул бид хайрладаг" 1Иохан 4:19

Зөвхөн энэ үнэний улмаас бид туйлын эерэг итгэлтэй болж чадна. Бид Бурханы хязгааргүй хайрыг ухаарсан учраас Түүнийг хайрлаж чадна. Ямар ч шаналал, цөхрөл, зовлон зүдүүртэй тулгарсан бай бид Бурханыг туйлын эерэг итгэлээр харж чадна.

Бурханыг хайрладаг хүмүүс туйлын эерэг амьдралаар амьдардаг. Гэм нүгэлд унасан, нүглээр бохирдсон хүмүүс өөрийнхөө дотроос эерэг зүйлийг олж чадахгүй. Зөвхөн Есүсийн загалмай бидний сөрөг талыг эерэг болгон өөрчилсөн. Тиймээс бид тал бүрээс дайралтад өртлөө ч тэнгэрт оршигч хайрын Бурханд итгэж, Түүнийг л харвал тэр бүхнээ туйлын эерэг итгэлээр ялж чадна.

Бурхан ертөнцийг бүтээхээс өмнө биднийг сонгож, дуудаж, хайртай хүүхдүүдээ болгосон. Исаиа 43:1-д үүнийг баталж ийн өгүүлжээ:

"Харин Иаков аа, чамайг Бүтээгч ЭЗЭН, Израиль аа, чамайг бий болгогч ЭЗЭН Одоо ингэж айлдаж байна. 'Би чамайг аварсан учир Бүү айгтун. Би чамайг нэрээр чинь дуудсан. Чи Минийх'" Исаиа 43:1

Пастор Ён Ги Чой үйлчлэлийн он жилүүддээ онцолсон “Дөрөв дэх хэмжээс сүнслэг байдал” бол *Бурханы бодол санаа, Бурханы итгэл, Бурханы мөрөөдөл, Бурханы үг* юм. Дөрөв дэх хэмжээст сүнслэг байдлын гол цөм нь ‘Бурханы туйлын эерэг хайр’ гэж би боддог. Хэрэв туйлын эерэг хайрыг ухаарч, Ариун Сүнсээр дүүрэх юм бол Бурханы бодол санаа, итгэл, мөрөөдөл, үгээр зэвсэглэж, Бурханы дуудлагыг биелүүлэх боломжтой болно.

Би “Үзэсгэлэнт хамтрагч” сониноос 17 төрлийн хөгжлийн бэрхшээлтэй Даниел Кимийн тухай нийтлэлийг уншиж байсан юм. Тэр хүү Крусоны синдром(Crouzon's disease) хэмээх ховор өвчний улмаас гавлын яс нь ургахгүй экзофтальм (нүдний алим товойж гарах), амьсгал давчдах, тархины даралт ихсэх зэрэг 17 төрлийн өвчин тусжээ. Эмч нар тэр хүүг амьдрах найдваргүй, амьдарсан ч харахгүй, сонсохгүй, алхаж ч чадахгүй гэж байсан юм. Хүү зургаан нас хүртлээ хамрын гуурсаар хоол тэжээлээ авч, найман настайдаа анх алхаж байсан гэдэг. Нэг үг хэлэхийн тулд хоолойд хийсэн гуурсан дээр хуруугаа дарж байж ярих ёстой байжээ. Гэсэн хэдий ч энэ хүүхэд үргэлж аз жаргалтай байна гэж хэлдэг байж. "Талархаж байна" гэж өчдөг байв. Тэрээр олон арван хагалгаанд орж, өсвөр насны хүүхэд болсон бөгөөд одоо харж, сонсож, ярьж, бүр алхаж, гүйж чаддаг болжээ. Тэр ч байтугай ирээдүйд эмнэлгийн пастор болж, өөртэйгөө адил өвчин туссан хүмүүст тусалж, тайвшруулах хүсэл эрмэлзэлтэй байгаагаа ч илэрхийлсэн юм. Ганц төрлийн хөгжлийн бэрхшээл ч асуудал, гомдол дагуулж болохоор байтал энэ хүү 17 хөгжлийн бэрхшээлтэй атлаа ингэж хэлсэн байна. *"Би аз жаргалтай байна. Би талархаж байна. Учир нь Бурхан надад хайртай."*

Харанхуй дунд ч эерэг гэрлийг тусгагч Бурхан

Хүүхдүүдийн дуртай зургийн тоглоомуудын нэг бол мозаик. Өнгийн цаасыг урж, хээ эсвэл зураг зурах аргаар мозаик зургийг бүтээж болно. Мозаик зураг бүтээхийн тулд танд цайвар өнгийн цаас, бараан өнгийн цаас хоёулаа хэрэгтэй болно. Зөвхөн тод, цайвар өнгөөр гайхалтай зургийг бүтээж чадахгүй. Цайвар болон бараан өнгийг зөв ашиглаж, байрлуулж байж сайхан бүтээл бий болдог. Бидний амьдрал ч мөн адил. Биднийг зовоосон зүйл, уйлуулсан хүн, шаналсан гашуун дурсамжууд бүгд нийлж амьдрал хэмээх гайхалтай дүр зургийг бүтээдэг.

"Хэрэв Бурхан амьд юм бол, Тэр хайрын Бурхан юм бол энэ дэлхий дээр яагаад ийм их зовлон, муу зүйл байдаг юм бэ?" гэж асуудаг хүмүүс бий. Гэхдээ бид Бурханы үнэн ба хайрыг зовлон дундаа ч олж хардаг. Бид мууг ч сайнаар эргүүлэх Бурханы хайр энэрэл, Түүний хүчийг мэдэрдэг. Сайн ч бай, муу ч бай бүхний ард Бурханы мутар байдаг гэдгийг бид ойлгодог.

> "Би гэрлийг бий болгон харанхуйг бүтээж, амар тайвныг гүйцэтгэн, гай гамшгийг ч бүтээдэг. Энэ бүгдийг хийдэг Би ЭЗЭН" Исаиа 45:7

Гэрэл ч Бурханы гараар бүтээгдсэн, харанхуй ч мөн Түүний мутраар бүтээгдсэн. Бурхан амар амгаланг ч зовлонг ч бий болгодог. Тиймээс бид гэрэлтэй ч үедээ, харанхуй ч үедээ, амар амгалан үедээ эсвэл зовлон зүдүүртэй үедээ ч бүх зүйлийг Бурханд даатгах ёстой. Ийм хүмүүсийн амьдралд ч Бурхан бүх зүйлийг хамтад нь тэдний сайн сайхны төлөө хийдэг.

Бурхан сайн сайхны ард ч ажилладаг, муу зүйлийн ард ч сайныг хийдэг. Египетийн хаан Фараон бүх эрэгтэй хүүхдүүдийг алах үед Мосе амьд үлдэж, гүнжийн өргөмөл хүү болоод Бурханы ажлыг гүйцэлдүүлсэн. Гэм нүгэлгүй Есүсийг загалмай дээр цовдолж алсан нь түүхэн дэх хамгийн бузар муу үйл мэт харагдаж болох юм. Иудейчүүд болон Ромын захирагч Пилат нар хүч, сэтгэлээ нэгтгэн Бурханы Хүүг цовдлох замаар хамгийн муу нөхцөл байдлыг бий болгосон юм. Гэсэн хэдий ч Бурханы ивээлээр энэ нь хамгийн сайхан үйл явдал болсон. Тэр үйл явдлаар дамжуулан бүх хүн төрөлхтөн Есүст итгэх итгэлээр аврагдаж, мөнх амьдралын ерөөлийг авсан юм. Үүний адил ёрын муу сүнс хамгийн муug хийсэн ч Бурхан түүнийг хамгийн сайн болгож чадна.

Зүрх сэтгэл тань ямар байгаагаас шалтгаалж таны үг өөрчлөгдөнө. Царай ч өөрчлөгдөж, үйлдэл ч өөрчлөгддөг. Үнэт зүйл, итгэл үнэмшил ч өөрчлөгддөг. Эцсийн эцэст зүрх сэтгэлийг тань даган амьдрал чинь өөрчлөгддөг. Зүрх сэтгэлдээ Есүст итгэнэ гэдэг туйлын эерэг хүн болно гэсэн үг. Итгэгчдийн хувьд бүтэлгүйтэл нь бүтэлгүйтэл биш, цөхрөл нь цөхрөл биш. Иосефын хувьд 13 жилийн зовлон нь бүтэлгүйтэл биш, харин Бурханы бэлтгэсэн ерөөлд хүрэх зам байлаа. Тэрээр өөрийгөө болон улс үндэстнээ аврах зам болсон юм. Зовлон гэдэг зүсээ хувиргасан ерөөл билээ.

Зүүдлэгч Иосеф зүүднээсээ болж олон бэрхшээлийг туулдаг. Ах нар нь урваж, боол болгон худалдагдаж, хилсээр шоронд хүртэл хоригдсон. Гэсэн хэдий ч бүх зовлон зүдүүр дундаа Иосеф зөвхөн Бурханд найдан залбирч байв. Эцэст нь эдгээр зовлон зүдүүрүүд нэгдэж, сайныг бий болгож, түүнийг Египетийн ерөнхий сайд болгосон. Хожим нь тэдний эцэг нас барж, ах нар нь Иосефын өшөө авалтаас айх үед Иосеф ингэж өчжээ.

"Та нар намайг хорлох гэсэн авч Бурхан өнөөдрийнх шиг үй олон хүний амийг аврахын төлөө түүнийг сайнаар эргүүлсэн юм" Эхлэл 50:20

Ах нар нь өөрт нь муу хандсан ч Бурхан үүнийг сайн үр дүнд хүргэсэн гэж тэр хэлсэн юм. Иосеф бүх зүйл Бурханы таалал байсан гэдгийг туйлын ээрэг итгэлтэйгээр хүлээн өчжээ. Тиймээс хүнд хэцүү үед бид гомдож, гомдоллож биш харин Бурханы агуу хайр, таалалд итгэж, залбирах хэрэгтэй.

Дорнын зөв шударга хүн Иов асар их зовлон зүдүүрийг туулж, эд хөрөнгө, гэр бүл, тэр байтугай эрүүл мэндээ алдсан. Тэр маш их зовлонд нэрвэгдсэн тул эхнэр нь түүнд

"Бурханыг хараагаад, үх" гэж хэлсэн юм. Гэвч энэ бүх нөхцөл байдлыг үл харгалзан тэрээр нүгэл үйлдээгүй бөгөөд Бурханы эсрэг гомдоллоогүй (Иов 1:22). Тиймдээ ч Иов Бурханд таалагдахгүй байхын аргагүй шүү дээ? Иовын эерэг итгэл нь эцэстээ бүх бэрхшээлийг даван туулж, хоёр дахин ерөөлийг авах суваг болсон (Иов 42:10).

Амьдрал хичнээн хүнд, хэцүү байсан ч хэрэв та туйлын эерэг итгэлтэй байвал бүх зүйлийг хамтад нь сайн сайхны төлөө хийдэг Бурханы ажлыг мэдрэх болно. Бурхан биднийг ерөөж, мөрөөдөл, найдварыг өгөхийг хүсдэг.

"'Учир нь та нарт зориулж байгаа төлөвлөгөөнүүдээ Би мэдэх бөгөөд тэдгээр нь та нарт ирээдүй ба найдварыг өгөх гай гамшгийн бус, сайн сайхны төлөөх төлөвлөгөөнүүд юм' гэж ЭЗЭН тунхаглаж байна" Иеремиа 29:11

Залбиралд гарз гэж үгүй

Бид залбирчихаад мартаж болно. Гэвч Бурхан мартдаггүй тул бидэнд хариулдаг. Бурхан *'Тийм, сайн,' 'Үгүй, биш,' 'Хүлээ, азна'* гэсэн гурван хариулт өгдөг.

Бурхан Өөрийн хүслийн дагуух бүх залбиралд "тийм" гэж хариулдаг. Хэрэв би Бурханд маш их залбирсан ч тэр надад одоо хүртэл хариу өгөөгүй байгаа юм шиг санагдаж байвал яах ёстой вэ? Ийм нөхцөлд ч гэсэн эерэг бодол, итгэлээр хүлээх ёстой. Учир нь Бурхан таны бодсоноос хамаагүй дээр зүйлийг бэлдсэн бөгөөд товлосон цагтаа илүү сайн зүйлийг өгөх болно.

Хэрэв та сэтгэл шулуудан залбирсан ч үүний хариулт таны хүссэн үед ирэхгүй бол энэ нь Бурхан хариулаагүй гэсэн үг биш. Магадгүй одоогийнхоос илүү сайхан цаг байгаа учраас яг одоо хариу өгөхгүй байж болно. Бурханд илүү сайн төлөвлөгөө, бүр хамгийн сайн төлөвлөгөө бий. Тиймээс бид хариултаа аваагүй залбирлыг Бурхан татгалзсан гэж үзэх ёсгүй. Эдгээр үгсийг санаарай: ***"Бурханд залбираад гарз гарсан тохиолдол нэг ч үгүй."***

Намайг АНУ-ын "Бетезда" их сургуулийн захирлаар үйлчилж байх үед Америк дахь Бурханы чуулганы теологийн сургуулийн захирал Доктор Дельта ирж дараах түүхийг ярьж өгч билээ. Энэ нь түүнийг Баруун Африкийн Того хотын теологийн сургуульд үйлчилж байх үеийнх нь түүх юм. Арайхийн теологийн сургуулиа төгссөн өндөр настай, түгдрүү оюутан нэгэн тосгонд чуулган байгуулахаар очжээ. Гэтэл тосгоны дарга нь бөө хүн байсан тул сайнмэдээ тараах амаргүй байв. Эцэст нь найман жилийн хугацаанд гуравхан итгэгчтэй болсон тэрээр энд найдвар байхгүй гэж бодоод өөр тийшээ явахаар цүнхээ бэлдэв. Ингээд тосгоноос гарахдаа сүүлийн удаа залбиртал *"Би чамайг хэзээ яв гэж хэлсэн юм бэ?"* гэсэн Бурханы дуу хоолойг сонсжээ.

Тэрбээр нулимс дуслуулан гэмшиж, тосгондоо эргэн иртэл тосгоны даргын хүү байшингийн хашаанд хөнжилд ороотой, халуурах өвчнөөр үхэх гэж байхыг олж харав. Түүний хажууд нь тосгоны дарга байжээ. *"Чиний итгэдэг Есүс өвчнийг эдгээдэг гэсэн тул хүүг минь авар. Хэрвээ миний хүү үхвэл чи ч гэсэн найман жил худлаа ярьсан тул үхэх болно"* гэв. Тэгээд тэрээр бүх чадлаараа чин сэтгэлээсээ залбирчээ. Гэтэл гайхамшиг тохиов. Хүү нь ухаан орсон байна. Үр дүнд нь тосгоны даргын гэр бүлээс авахуулаад нэг сарын дотор 1800 хүнээс 1400 нь Есүст итгэсэн гэдэг.

Есүс Христ өчигдөр ч, өнөөдөр ч, үүрд мөнх хэвээр. Есүс одоо ч амьд, ажиллаж, бидэнтэй хамт байна. Тиймээс өөрийнхөө нөхцөл байдлыг харж битгий бууж өгөөрэй. Амлалтын үгээс зуурч, итгэлээр урагшлах үед Их Эзэн хамгийн сайн цагт, хамгийн сайн арга замаар ажиллана.

Итгэлээрээ үйлддэг залбиралд маань ямар ч гарз хохирол байхгүй. Бурханы цагт бүх зүйл сайхан болж өөрчлөгддөг. Яг л харанхуй шөнийн дараа гэгээн өглөө ирдэг шиг. Тиймээс бид Бурханы итгэмжит хайрын зүрх сэтгэлд итгэх ёстой. Элч Паул Коринтын чуулганы итгэгчдэд илгээсэн захидалдаа “Бурхан итгэмжит” гэж хэлсэн (2Коринт 1:18). Энэ үгийг өөрөөр хэлбэл ‘Бурхан Өөрт нь үнэнчээр итгэдэг хүмүүсийн урмыг хэзээ ч хугалдаггүй’ гэсэн утгатай хэмээн тайлбарлаж болно. Тиймээ, хэрвээ бид туйлын эрэг Бурханд итгэвэл ямагт ялж чадна (1Коринт 15:57).

Гайхамшгийг дагуулах туйлын эерэг итгэл

Би 1982 оны 7 сарын 31-нд АНУ-д суралцахаар явсан юм. Суралцаж эхэлснээс хойш гурван жилийн дараа санаанд оромгүй зүйл тохиолдож билээ. Вашингтон дахь “Төгс Сайнмэдээ” чуулганы хариуцагч пастор гэнэт огцорсон тул 1985 оны 2-р сарын эхний Ням гарагаас эхлүүлэн би тэр чуулганд үйлчлэхээр боллоо. Би хэрхэн үйлчлэх талаар Бурханд залбирсан юм. Тэгтэл Бурхан надад зөв хоньчин болох, чуулганы барилга барихыг тушаасалаа. Яг үнэндээ чуулганд яваад очтол барилга барих боломжгүй нөхцөл байдалтай байсан юм.

Томилогдоод эхний Баасан гарагийн шөнийн залбирлаа хийх үед ердөө гуравхан итгэгч оролцдог юм байна. Ингээд бүх итгэгчидтэй холбоо барьтал дараагийн Ням гаригаас нийт 57 итгэгчид цуглаанд оролцов. Тухайн үед чуулганы санхүү 14 мянган доллар буюу тэр үеийн ханшаар 12 сая вон л байсан юм. Тэр үед чуулганы барилга барихад дор хаяж 3 тэрбум вон шаардлагатай байлаа. Барилгын ажлыг эхлүүлэх ч боломжгүй нөхцөл байдалд байв. Гэсэн хэдий ч би туйлын эерэг итгэлээр залбирч, итгэгчидтэйгээ хамт мөрөөдөж байлаа. Чуулганы барилгыг барихын төлөө итгэж, гуйж, хашгирч байлаа. Ням гараг бүр итгэгчиддээ "Чуулганы барилга баригдсан" гэсэжн итгэлээр тунхаглаж, бие биетэйгээ мэндчилдэг байв.

Гайхалтай нь Бурхан биднийг ивээж, замыг нээж өгсөн. Анхны мөрөөдлөө тээснээс хойш зургаан жилийн дараа гайхалтай чуулганы барилга баригдав. Бид 3000 орчим пён (9,917.3㎡) газар худалдан авснаар 1000 хүн хүлээн авах боломжтой чуулганы барилгын ажлаа дуусгаж, барилгын ажил болон газар худалдан авах 2.7

сая ам.долларын зардлыг банкны зээлгүйгээр зөвхөн өргөлөөр нөхөж чадсан. Хэдийгээр бид хоосон эхэлсэн ч Бурхан бидний итгэлийн дагуу, мөрөөдлийн дагуу, хэлснийхээ дагуу ажилласан.

Тухайн үед намайг тэнд пастор хийж байхад Их Эзэний зарц болон чуулганы талаар дандаа муугаар ярьж, шүүмжилдэг нэгэн хүн байв. Би маш их сэтгэл өвдөж, хэцүү байсан тул Бурханд ингэж гомдоллож байсан үе бий. *"Эзэн, та энэ хүнийг өөр газар руу явуулж болохгүй юу? Надад их хэцүү байна."* Гэтэл Эзэн эдгээр үгсийг хэлэв: *"Хэрэв тэр хүн өөр газар очвол тэр хүнээс илүү муу хүн ирэх болно."* Эхэндээ би юу хэлэх гээд байгааг нь сайн ойлгоогүй ч цаг хугацаа өнгөрөх тусам энэ нөхцөл байдал Бурханаас надад өгсөн 'өргөс' юм байна гэдгийг ойлгосон. Хэцүү байсан ч тэр хүний төлөө үргэлж залбирч байтал нэг өдөр Эзэн надад *"Тэр хүнийг ерөө"* гэж хэлсэн. Түүнийг ерөөн залбирах үед Бурхан түүнийг энэрэн нигүүлсэх, өрөвдөх сэтгэлээ асгаж билээ. Энэ туршлагаараа би Бурханы дасгалжуулалтыг даван туулж, бусдыг энэрэн нигүүлсэх, ерөөх хандлагыг сурч чадсан юм. Би материаллаг тал дээр ч, бие бялдар, оюун санааны хувьд ч хүнд хэцүү гадаадад сурч боловсрох үеэ даван туулж, түүнээс ч хэцүү байсан хоньчлолын ажлыг даван туулж чадсан нь пастор Ён Ги Чойгоос сурсан туйлын эерэг итгэлийн ач байлаа.

Нэгэн орой нэг үйлчлэгч над руу утасдав. Тэрээр нөхрийн маань биеийн байдал хүнд байгаа тул Фэйрфакс эмнэлэгт яаралтай ирээч гэж хүссэн юм. Эмнэлэг рүү яаран очиход элэгний хатуурал хүндэрч биеийн байдал нь хүнд байгаа, ходоодонд нь найман цоорхой үүсэж, цус алдаж байгаа тул хэдхэн цагийн дараа нас барах магадлалтай, "*оршуулганд нь бэлд*" гэж хариуцсан эмч хэлэв. Эмчийн хэлснээр хүргэн нь оршуулгын газар руу залган лавлаж байв. Гэсэн ч би залбирахаар эрчимт эмчилгээний тасаг руу орох гэтэл эхнэр болох үйлчлэгч намайг барьж аваад: "*Намайг залбирч байх үед Бурхан пастор ирээд залбирвал нөхрийг минь эдгээнэ*" гэж хэлсэн. "*Пастор та хурдан гараа тавьж, нөхрийг минь эдгээгээч.*"

Эзэн надад тэгж хэлээгүй ч нөхцөл байдал маш хүнд байсан тул би чин сэтгэлээсээ залбирсан. Эхнэр нь намайг залбирч байхад тасралтгүй "Амен" гэж хашгирсаар байв. Гэтэл залбираад буцаж явсан тэр мөчөөс эхлэн гайхамшиг тохиолдож эхэлсэн. Гайхалтай нь тэр шөнө цус алдалт нь зогсож, гэдсэн дэх ус гадагшилж эхэлсэн ба ухаан орсон юм. Тэр шөнийг давахгүй гэж байсан нөхөр нь маргааш өглөө нь энгийг тасаг руу шилжиж, түүнээс хойш 30 гаруй жил амьдарсан.

Бурхан бол гайхамшгийн Бурхан. Хүний хийж чадахгүйг Бурхан хийдэг. Бид Эзэний хувцасны хормойд ч болтугай хүрэхийн төлөө туйлын эерэг итгэлээр урагшилбал эдгэрэл, өөрчлөлт бий болно. Хэрэв та гайхамшигт найдаж, залбирч, хүлээвэл гайхамшиг тохиох нь гарцаагүй.

Эзэнтэйгээ уулзаад ус өнгөө өөрчлөв

Бурханы гэрийн хаяг хаана байдаг вэ? Тэр нь бидний зүрх сэтгэл. Орчлон ертөнцийг бүтээж, захирдаг Төгс хүчит Бурхан бидний зүрх сэтгэлд амьдардаг. Гэхдээ бид ихэнхдээ Бурханыг байдаггүй юм шиг боддог. Сөрөг бодлоосоо болж шантарч, цөхрөнгөө барж, бууж өгөх үе маш их бий. Тиймд одооноос эхлэн дотор маань орших эерэг Бурханы тухай бодож, дахин зориг гаргах ёстой.

Энэ номд миний онцолж буй эерэг иттэл бол өөрийгөө гипноздох эсвэл өөртөө байнга сануул гэсэн үг биш. Туйлын эерэг Бурханд үргэлж иттэх итгэл дээр сууриа тавь гэсэн үг. Бурхан бол бүх эерэг байдлын эх сурвалж мөн. Ямар ч хүн, ямар ч асуудал, ямар ч орчин Бурхантай уулзах үед эргээр өөрчлөгдөх болно.

Энэ асуулт XIX зуунд Английн Кембрижийн их сургуулийн шашин судлалын хичээлийн шалгалт дээр гарч байсан удаатай. "Есүс усыг дарс болгон хувиргасан гайхамшгийн талаар бичнэ үү?" гэсэн асуултад бусад сурагчид хариултаа бичээд завгүй байхад нэг сурагч цонхоор ширтэн суужээ. Тэгээд тэр оюутан хоосон цаасан дээр ганцхан мөр бичээд гадагшаа гарав. Гэсэн хэдий ч тэр оюутны хариулт нь Кембрижийн их сургуулийн Теологийн тэнхим байгуулагдсанаас хойш дээд оноог авсан домог болсон хариулт болжээ. Тэр дараах нэг богино мөрийг бичсэн гэдэг. ***"Эзэнтэйгээ уулзаад ус өнгөө өөрчлөв."***

Энэхүү домогт хариултыг бичсэн оюутан бол Британийн гурван агуу романтик яруу найрагчийн нэг Жорж Гордон Байрон байжээ. Түүний Европоор аялж байхдаа хэвлүүлсэн "Чайлд Харолдын айлчлал 1812" хэмээх үргэлжилсэн үгийн шүлэг нь маш их магтаал, алдар нэрийг түүнд өгсөн юмс. Тэрээр тухайн үеийн сэтгэгдлээ ингэж хэлж байв. *"Би нэг өглөө босохдоо алдартай болсон байсан!"*

Амьдралынхаа Эзэнтэй уулзах үед таны амьдралд

өөрчлөлт эхэлдэг. Иоханы сайнмэдээний 2-р бүлэгт Кана дахь хуримын найр дээр дарс дуусссан үйл явдал гардаг. Хэн ч харсан энэ нь учир дутагдалтай, сэтгэл дундуур нөхцөл байдал шиг харагдаж байв. Гэсэн хэдий ч Есүс усыг дарс болгон хувиргаж, гайхалтай тэмдгээ тэнд үзүүлсэн. Найранд оролцсон хүн бүр баяр баясгалан, ерөөлийг мэдэрч чадсан. Бид амьдралынхаа Эзэн болох Бурхантай уулзвал хамгийн муу нөхцөл байдалд ч хамгийн сайн үр дүнд хүрдэг.

Туйлын эерэг бидний Бурхан бол гарцгүй газарт зам тавьж, хаалттай хаалгыг нээж өгдөг Нэгэн. Тиймээс сөрөг нөхцөл байдал, зовлон зүдгүүр, бэрхшээл тохиолдсон ч сэтгэлээр унах, цөхрөх шаардлагагүй. Таны хийх ёстой зүйл бол туйлын эерэг Бурханд итгэж, урагшлах явдал. Бурханыг хүндэтгэж, Түүнд найдах үед бидний амьдрал бүхэлдээ Түүний гарт байгааг ухаардаг.

Тиймээс гуниглах, урам хугарах шаардлагагүй. Муу зүйлийг сайн, сайныг илүү сайн болгодог Бурханыг харах үед бид өөртөө болон бусдад эерэг ханддаг. Хийж байгаа зүйлдээ эергээр хандаж, хүрээлэн буй орчиндоо эергээр хандаж, ирээдүйдээ эерэг ханддаг. Энэ номыг уншиж байгаа та бүхнийг эерэг итгэл үнэмшилтэй хүмүүс болж шинэчлэгдээсэй хэмээн хүсэж байна.

Positivity Quotient Check List

Туйлын эерэг байдлаа шалгах хүснэгт ☑

Таны эерэг итгэлийн үзүүлэлт (PQ) хэд вэ?

Өгөгдлүүдийг уншаад тохирох нүдийг чагтална уу!

Хэмжих асуултууд	Огт тийм биш	Тийм биш	Ихэнхдээ	Тийм	Яг тийм
	1 оноо	2 оноо	3 оноо	4 оноо	5 оноо
1. Бурхан бол амьдралын минь хамгийн чухал, хайртай оршихуй гэж би боддог.					
2. Намайг залбирах үед Бурхан миний хажууд байдаг гэдэгт би итгэдэг.					
3. Есүс Христийн загалмай нь Бурханы туйлын эерэг хайрыг надад харуулдаг гэдэгт би итгэдэг.					
4. Ямар ч зовлон, бэрхшээл тулгарсан Бурхан байгаа учраас шантардаггүй.					
5. Бурхантай өдөр бүр харилцаж, ярилцдаг.					
6. Хүссэн зүйл маань хурдан биелэхгүй бол яаралгүйгээр "Бурханы цаг ирнэ" гэж бодон тэвчдэг.					
7. Би итгэлийн амьдралаар амьдрахдаа Бурханы хайрыг маш их мэдэрч, сэтгэл минь хөдөлдөг.					
8. Би залбирахдаа дотор минь байгаа цөхрөл, сөрөг бодлууд алга болж байгаа олон удаа мэдэрсэн.					
9. Би өдөр бүр Бурханы үгийг уншиж, эргэцүүлдэг.					
10. Би сайн муу үе, амар амгалан, зовлон зүдүүрийн үе ч Бурханы дээд эрх мэдэлд байдаг гэдэгт итгэдэг.					

Асуулт бүрийн оноог нэмнэ.

Эерэг итгэлийн үзүүлэлтийн нийлбэр (_____ оноо)

Туйлын Эерэг
Байхын Гайхамшиг

Би аймшигтай болоод гайхамшигтай
бүтээгдсэн тул Танд талархал өргөнө.
Таны үйлс гайхалтай бөгөөд
сэтгэл минь ч сайн мэднэ.

Дуулал 139:14

Бүлэг 03

Таван төрлийн эерэг байдал (1): Өөртөө эерэг хандах нь

Туйлын Эерэг
Байхын Гайхамшиг

Бүлэг **03**

Таван төрлийн эерэг байдал (1): Өөртөө эерэг хандах нь

> Хэрэв та эерэг сэтгэлгээтэй болвол
> саад бэрхшээлийн оронд боломжийг олж харна.
>
> **- Видад Акрави**

Би бараг 45 жил пастораар үйлчлэхдээ олон хүнтэй уулзсан. Би олон пастор, итгэгчид, янз бүрийн мэргэжлийн хүмүүстэй уулзсан. Тэрхүү уулзалтуудаас миний олж харсан зүйл бол өөрийн хөрөг зураг, өөртөө эерэг байх нь амьдрал болон итгэлийн төлөвшилд асар их нөлөө үзүүлдэг болохыг ойлгосон юм.

Өөртөө эерэг байх нь амьдралын аз жаргалыг тодорхойлдог. Энэ нь бүтэлгүйтэл, амжилтад хүрэх эхлэлийн цэг байж болно. Өөртөө эерэг хандах түвшин нь та өөрийн хөрөг зургаа хэрхэн зурж байгаагаас шууд хамааралтай бөгөөд түүгээр ч барахгүй таны залбирлын түвшинг ч тодорхойлдог. Түүнчлэн таны итгэл өсөх эсэхэд ч нөлөөлнө. Иймээс туйлын эерэг байх гэдэг нь таван төрлийн эерэг байдлын хамгийн эхний хамгийн чухал зүйл болох өөртөө эерэг хандах нь юм.

Өөртөө эерэг байх ба өөртөө итгэх итгэлийн ач холбогдол

Харьцуулалт амьдралыг аз жаргалгүй болгодог. Бусадтай харьцуульснаар аз жаргалтай болдоггүй. Харин Бурханы хүсдэг хамгийн сайхан амьдралаар амьдрах үед жинхэнэ аз жаргалыг эдэлдэг. Сатан бол Бурханы алдарт саад учруулахыг эрмэлзээд зогсохгүй хүмүүсийг аз жаргалгүй, зовлонтой болгодог нэгэн. Тиймээс тасралтгүй хүний бодол санаа, өөрийгөө харах дүр төрх рүү нь довтолдог. Энэ нь сөрөг бодол, өөрийгөө үнэлэх үнэлэмжийг нь бууруулж, сэтгэлийн шархтайгаа орооцолдож, уурлах, харьцуулах, урам хугарах, өөрийгөө дорд үзэх зэрэг мэдрэмжийг бий болгодог. Сургаалт үгс 4:23-д *"Зүрх юугаан урьтан хамгаал, амийн булгууд түүнээс ундарюу"* гэсэн нь бидний анхаарах ёстой бодлуудын ач холбогдлыг заажээ.

Хэрэв өөрийгөө Бурханы нүдээр харж чадахгүй бол өөрийнхөө үнэ цэнэ, амьдралын утга учрыг ухаарч чадахгүй. Харьцуулах сэтгэлгээнээсээ болж ядуурлын сэтгэлгээнд автдаг. Бодит байдал дээр ч өөрийгөө хүндэлж, хайрладаггүй хүмүүс хэт их идэх, хар тамхи хэрэглэх, бэлгийн завхайрал, архи дарс, мөрийтэй тоглоомд донтох зэрэг хорвоогийн таашаалыг хөөцөлдөж, хэсэг хугацаанд ч болтугай зовлонгоо мартахыг хичээдэг. Эдгээр үйлдлүүд нь тайтгарлыг өгөхөөс илүүтэйгээр өөрийгөө үзэн ядахад хүргэж, илүү их зовлонд унагадаг. Солонгост 3 сая гаруй хүн сэтгэл гутралд өртдөг гэсэн судалгаа бий. Уг судалгаагаар сэтгэл гутралын 1-р шалтгаан нь "*өөрийгөө доогуур үнэлэх*" гэсэн байна.

Өөртөө эерэг хандах нь өөрийн чадварт итгэхтэй холбоотой. Өөрийн чадварт итгэх гэдэг ойлголтыг Канадын сэтгэл судлаач Альберт Бандура дэвшүүлсэн бөгөөд энэ нь өөрт тохиосон нөхцөл байдалд тохирох үйлдлийг хийж чадна гэсэн хүлээлт, итгэл үнэмшлийг илэрхийлдэг. Өөрийн чадварт итгэх нь зорилгодоо хүрэх бүтээмж төдийгүй амьдралын амжилт, аз жаргалтай нягт холбоотой. Ялангуяа энэхүү чадвараар өндөр хүмүүс хичээл зүтгэлтэй, тууштай хүн болж өсдөг байна.

Английн сэтгэл судлаач доктор Ж.А.Жеймс, Хэдфилд нар 'Өөртөө итгэх итгэл' сэдвээр хийсэн судалгаандаа "*Чиний буруу. Юу ч хийж чадахгүй, дууссан*" гэж цөхрөх үедээ хүн өөрийн чадварынхаа 30%-ийг ч ашиглаж чаддаггүй гэжээ. Нөгөөтэйгүүр "*Чи чадна, чи бол онцгой хүн*" гэж өөртөө итгэлтэй байвал тэр хүн өөрийн чадвараа 150% хүртэл харуулж чаддаг байна.

Өөрийн чадварт итгэх замаар өөртөө эерэг хандах нь Бурханд итгэх үнэмлэхүй эерэг итгэлээс ирдэг. Америкийн хамгийн алдарт магтаалын шүлэг зохиолч Ф.Ж.Кросби зургаан долоо хоногтой байхдаа үрэвссэн нүдэндээ чадваргүй эмчийн бичсэн эмийг түрхэснээс болж хараагүй болжээ. Насан туршдаа хараaны бэрхшээлтэйгээр амьдрах болсон нь түүний алдаа, буруугаас болоогүй. Мэдээж түүний сонгосон хүнд хэцүү байдлаас ч болоогүй. Тэр эмэгтэйн өнцгөөс харвал энэ нь муу эмч болон эцэг эхээ буруутгахад хангалттай төдийгүй урам хугарал, цөхрөл, азгүй амьдралд хүргэж болзошгүй нөхцөл байсан. Гэсэн ч Кросби Бурхантай уулзаж, Түүнд итгэх жинхэнэ итгэлээрээ бүх саад бэрхшээл, золгүй явдлыг даван туулсан юм.

Хэдийгээр махан биеийн нүдээрээ сохор байсан ч сүнслэг нүдээрээ Бурханыг харж, Түүнийг хайрлаж, магтан алдаршуулсан амьдралаар амьдарсан.

Кросби 95 насыг наслахдаа 9000 гаруй магтан дууны шүлэг зохиожээ. Тэрээр 'Хайртай Аврагч,' 'Эзэний хоолойг,' 'Гуниг зовлонд унасан хүмүүс,' 'Миний мөнхийн амьдралын өмч,' 'Есүсийг өөрийн Аврагч болгосон' зэрэг эрдэнийн чулуу мэт магтан дууны шүлгийг бичсэн. Тэр дунд 'Миний туулах бүх замыг' гэдэг магтаал ч багтана (Магтан дууны ном 384-р бүлэг).

Миний туулах бүх замыг Есүс чиглүүлдэг
Эзэн доторх нигүүлсэлд би хэрхэн эргэлзэх вэ?
Итгэлээр амьдардагч нь тэнгэрлэг тайтгарлыг
хүлээн авна
Юу ч тохиолдсон бүх зүйл сайхан болно (x2)

Энэхүү магтаал одоо ч тоо томшгүй олон хүмүүст маш их тайтгарал, итгэл найдвар, баяр баясгаланг авчирсаар байна. Хатагтай Кросбитэй хамт байж, уйтгар гунигийг баяр баясгалан, зовлонг дуу болгон өөрчилсөн Бурхан одоо ч бидний амьдралыг хариуцсаар байна. Бид туйлын зэрэг итгэлээр урагшлах үед Бурхан бидэнтэй хамт байж, бүх зүйл сайн сайхан байх гайхамшгийг өгдөг.

Би бол Бурханы шилдэг бүтээл

Өөртөө эерэг хандаж, хайрлахын тулд өөрийгөө байгаагаар нь хүлээж авах ёстой. Өөрийгөө байгаагаар нь хүлээж авах гол түлхүүр бол өөрийгөө Бүтээгч Бурханы гайхамшигт бүтээл гэдгээ ойлгох явдал юм. Алдарт хөгжмийн зохиолчийн бичсэн хөгжмийн зохиол эсвэл алдарт зураачийн зурсан зураг бүгд л шилдэг бүтээл болдог. Бүр сараачсан бичиг, тэмдэглэл мэт харагдах зүйлийг хүртэл үнэ цэнэтэй бүтээл гэж хүлээн зөвшөөрдөг. Үүний нэгэн адил Төгс хүчит Бурхан биднийг бүтээсэн учраас бидний хүн нэг бүр Түүний гайхамшигт бүтээл. *"Би аймшигтай болоод гайхамшигтай бүтээгдсэн тул Танд талархал өргөнө"* (Дуулал 139:14). Библид бидний хүн нэг бүрийг үнэхээр нууцлаг, гайхамшигтайгаар бүтээгдсэн бүтээл гэж хэлдэг.

Хүний бие ямар нууцлаг байдлаар бүтээгдсэн талаар та бодож үзсэн үү? Машин хийхэд 13000 эд анги, онгоц хийхэд 3 сая эд анги, сансрын хөлөг хийхэд 5 сая эд анги хэрэгтэй. Харин хүний биед 100 их наяд гаруй эс бий. Хүний судсыг нэг олс шиг холбовол 100 мянган километр буюу дэлхийг хоёр бүтэн нэг хагас удаа тойрох хэмжээний урт болдог байна.

Насанд хүрсэн хүн дунджаар 100,000 ширхэг үстэй ба нэг ширхэг үс нь дунджаар 3 кг жинг тэсвэрлэдэг аж. Мөн хүний бие дэх цус уснаас зургаа дахин өтгөн, биеийг бүтэн тойроход 46 секунд зарцуулдаг бөгөөд хүний гарын чинээ зүрх өдөрт 100 мянга гаруй удаа цохилдог байна. Мөн шүдэнзний хайрцагны чинээ хүний яс 10 тонн жинг даах чадвартай, хүний ходоодны салст бүрхэвч гурван өдөр тутамд бүрэн шинэчлэгддэг. Мөн хүний арьс сард нэг удаа өөрчлөн гууждаг ба амьдралынхаа туршид арьс нь 1000 удаа шинэчлэгддэг байна. Хүний нүдний булчин өдөрт 100,000 удаа хөдөлдөг ба дуртай хүнтэйгээ уулзахад хүүхэн хараа нь 45% хүртэл томордог бол дургүй хүнтэйгээ уулзахаар хүүхэн хараа агшдаг байна.

Бүтээлийн ертөнц ба хүн нь Түүний гарын ур дүйг харуулсан Бурханы бүтээлүүд. Тийм ч учраас эрдэмтэд "*Хүний бие, дэлхий хоёр адилхан*" гэж хэлдэг. Нар, сар нь хүний нүд, гол ус нь цус, ой мод нь үс, газар нь арьс ба мах, алт ба чулуу нь ястай төстэй. Бидний бие уснаас бүрддэгтэй адил дэлхийн нийт газар нутгийн 70 орчим хувь нь гол мөрөн, далай тэнгис эзэлдэг. Бие махбод нь таван цул, зургаан сав эрхтэнтэй байдаг шиг дэлхий ч мөн таван далай, зургаан тивд хуваагддаг.

Нялх балчир насандаа төрж, залуу насандаа өсөж, дунд насыг туулж, өндөр настан болдог хүний амьдрал ч цэцэгс дэлгэрдэг хавар, намуу ногоон зун, үржил шимтэй намар, цагаан цас эсвэл цагаан үс хаялах өвлийн улиралтай төстэй юм. *"Тэнгэрсийг бүтээсэн ЭЗЭН ингэж айлдаж байна. Тэрээр газрыг бий болгон, гүйцэлдүүлсэн Бурхан юм. Тэр үүнийг дэмий хоосноор тогтоож бүтээгээгүй Харин оршин суугчидтай болгохоор үүнийг бий болгов. Би ЭЗЭН Иавэ. Өөр байхгүй"* (Исаиа 45:18)

Бурхан бидний хүн нэг бүрийг бүтээхдээ гайхалтай нь бидний гадаад төрх, тархи, эрхтнүүд бүгд өвөрмөц байхаар бүтээжээ (Дуулал 139:15). Давлагаа судлаачийн хэлснээр бол давалгаа хэдэн зуун сая удаа давалгаалсан ч усны дусал бүрийн хэлбэр өөр өөр байдаг. Өвөл цас их ордог ч цасан ширхэг бүр өөр өөр хэлбэртэй байдаг. Далайн эрэг дээр маш их элс байдаг ч адилхан элсний тоосонцор байдаггүй гэдэг. Үнэхээр гайхалтай биш гэж үү?

Хүмүүсийн хувьд ч мөн адил. Энэ дэлхий дээр яг адилхан хоёр хүн байдаггүй. Нэг эхийн хэвлийгээс төрсөн ах дүүс хүртэл өөр. Ихрүүд ч сайн ажиглавал өөр өөр талуудтай. Хүн бүрийн үсний ширхэг, хумсны хэлбэр ч өөр. Алганы хээ, дуу хоолой ч өөр. Юутай гайхалтай вэ? Тан шиг хүн энэ дэлхий дээр нэг ч байхгүй. Тан шиг хүн бүх орчлонд, хүн төрөлхтний түүхэнд ганцхан бий.

Пикассогийн нэг зураг хэдэн зуун сая вон, Леонард да Винчигийн "Мона Лиза" хэдэн арван тэрбум воноор үнэлэгддэг бол Бурханы гайхамшигт бүтээл болох бид ямар үнэ цэнэтэй бол? Бид хамгийн агуу уран бүтээлч болох Бурхан Өөрийн гараар бүтээсэн оршихуйнууд. Тиймээс та өөрийнхөө үнэ цэнэ, гоо үзэсгэлэнг хүлээн зөвшөөрч, өөрийгөө хүндэлж, бахархаж амьдрах учиртай.

Загалмайн линзээр олж харсан шинэ хөрөг

Ягаан өнгөнд дуртай нэгэн хаан байжээ. Тэрээр ордны бүх зүйлийг ягаан болгож өөрчлөх тушаал өгчээ. Хааны ордон бүхэлдээ ягаан өнгөтэй болсныг хараад хаан их баяртай байв. Тэгээд ч зогсохгүй улсаа бүхэлд нь ягаан болгохыг тушаав. Хааны зарлигаар албатууд нь ард түмний амьдардаг байшингийн дээврийг ягаанаар будаж, хувцсыг нь ягаан, уулыг хүртэл ягаан болголоо. Хаант улс бүхэлдээ ягаан өнгөтэй болсныг хараад хаан маш их баярлав. Гэвч тэнгэр цэнхэр хэвээр байгааг хараад урам нь хугарлаа.

"Яаж хөх тэнгэрийг ягаан болгох вэ?" хаан бодолд автав. Хичнээн бодсон ч тэнгэрийн өнгийг өөрчлөх арга олдсонгүй. Эцэст нь багш дээрээ очоод тэнгэрийг яаж ягаан болгохыг хэлж өгөөч гэж гуйв. Хааны үгийг сонсоод багш нь долоо хоногийн хугацаа өгөхийг гуйжээ. Долоо хоногийн дараа багш нь түүнд ямар арга зааж өгөх бол гэж хаан сонирхов. Багш нь хаанд ягаан шил өгөөд "*Энэ ягаан шилийг зүүвэл тэнгэр тэр чигтээ ягаан харагдах болно*" гэж хэлжээ. Хаан ягаан шилээ зүүгээд ихэд догдоллоо. Учир нь багшийн хэлснээр дэлхий тэр чигтээ ягаан харагдсан юм.

Өөрийгөө, амьдралаа ямар линзээр харах нь нэн чухал. Би хайрлуулж байгаагүй гэх бодол, урам хугарал, өөрийгөө дорд үзэх зэрэг сөрөг бодлын линзээр өөрийгөө эрхэмсэг, үнэ цэнэтэй гэж харах боломжгүй.

Мөн Бурханы хүссэн ирээдүй рүү явж чадахгүй. Бидний зүүх ёстой линз бол Есүс Христийн загалмайн линз. Та энэ линзээр өөрийгөө харах хэрэгтэй.

Бид загалмайгаар дамжуулан хоёр чухал үнэнийг ухаардаг. Нэгдүгээрт бидний гэм нүглийн шийтгэл ямар хүнд болохыг олж мэддэг. Бидний гэм нүгэл маш их, асар хүнд байсан тул Бурханы цорын ганц Хүүгээс өөр шийдвэрлэх боломжгүй байв. Хоёрдугаарт, бид Бурханы хайр ямар агуу болохыг ойлгодог. Бурхан биднийг үнэхээр хайрласан тул Хүүгээ өгсөн. Загалмай бол хүн төрөлхтний нүгэл, Бурханы агуу хайрыг нэгэн зэрэг харуулдаг. Тиймээс бид загалмайн линзээр Бурханы Эцэгийн агуу хайрыг ухаарч, өөрийгөө үнэлэх үнэлэмжээ нэмэгдүүлэх хэрэгтэй.

Библид биднийг *"та нар бол Бурханы сонгогдсон угсаа, хаант тахилч, ариун үндэстэн, Бурханы ард түмэн"* гэж хэлдэг (1Петр 2:9). Бурхан биднийг сонгосон шалтгаан нь бидэнд ямар нэгэн эрх, гавъяа байгаа учраас биш юм. Бурхан биднийг нүгэлтэй байхад эхэлж хайрлаад, *"хүүхдүүд минь"* гэж дуудсан (Иохан 15:16, Ефес 1:5). Түүнчлэн бид Есүсийн цусаар, хааны эрх мэдлээр дамжуулан Бурханы сэнтийд ойртогсод болцгоосон. Бид дэлхийгээс тусгаарлагдсан ариун ард түмэн.

Тэнгэрийн хаанчлал миний дотор бий. Алдартай хүний эзэмшдэг зүйлийн үнэ цэнэ ч өсдөг шиг бид Бурханд харьяалагддаг учраас асар их үнэ цэнэтэй (Исаиа 43:1).

Өөрийгөө загалмайн линзээр харах нь эерэг хөрөг зураг болохтой адил. Над шиг нүгэлтнийг аварсан Бурханы агуу нигүүлсэл, хайрыг ухаарах үед өөрийнхөө үнэ цэнийг мэдэх бөгөөд энэ нь туйлын эерэг байдал, туйлын талархалтай амьдрах үндэс суурь болдог. Ингэснээр бидний бодол санаа, залбирал өөрчлөгдөж, мөрөөдөл, алсын хараа маань өөрчлөгддөг.

Нэгэн гуйлгачны гурван хүсэл

Ямар ч шуналгүй, сайхан сэтгэлтэй гуйлгачин байжээ. Нэгэн өдөр Бурхан гуйлгачинд үзэгдэж, "*Би чамд юу хүссэнийг чинь өгнө, гурван хүслээ хэл*" гэв. Гуйлгачин ямар хүслээ хэлэхээ бодож байгаад хамгийн анхны хүсэл нь хөнгөн цагаан лаазтай болмоор байна гэж хэлэв. Учир нь хөнгөн цагаан лаазтай бол гуйлга гуйхдаа их хэмжээний будаа, хачир хийж болох байсан юм. Бурхан гуйлгачинд хөнгөн цагаан лааз өгөв.

Бурхан "*Одоо чиний хоёр дахь хүсэл юу вэ?*" гэж асуув. Тэгтэл гуйлгачин энэ удаад зэвэрдэггүй ган лааз авахыг хүсэж байгаагаа хэлэв. Хөнгөн цагааны лаазнаас илүү бат бөх лааз хэрэгтэй байсан юмсанж. Бурхан ч үүнийг зөвшөөрөв. Ингээд Бурхан "*Чиний эцсийн хүсэл юу вэ?*" гэж асуув. Гуйлгачин хэсэг бодсоны эцэст "*Бурхан минь, энэ миний сүүлчийн хүсэл, надад хоолны халуун сав өгөөч*" гэв. Түүнд гуйлга гуйж олж авсан будаа, хачраа халуунаар нь хадгалах сав хэрэгтэй байж л дээ.

Энэ гуйлгачин яагаад иймхэн зүйл гуйсан юм бол? Учир нь тэр өөрийгөө гуйлгачны нүдээр харсанд байгаа юм. Төгс хүчит Бурханы өмнө зогссон атлаа өөрийгөө гуйлгачин л гэсэн хөрөг зургаар харж байсан тул түүний залбирлын хүсэл ч үүнээс хэтэрсэнгүй. Эерэг ирээдүй нь өөрийн эерэг хөрөг зураг ба эерэг бодлоос эхэлдэг.

> "Эдүгээ дотор маань ажилладаг хүчний дагуу гуйх буюу бодох бүхнээс минь илүү хэмжээлшгүй бялхлаар үйлдэх чадвартай Түүнд…" Ефес 3:20

Өөрийн хөрөг нь сэтгэлгээ, залбирлын түвшинг тодорхойлдог. Канааны нутгийг танадаж, сөрөг мэдээтэй буцаж ирсэн арван тандагч шиг "*Бид өөрсдийнхөө нүдэнд царцаа мэт болсон*" гэж бодвол Канаан нутгийг эзлэн авч чадахгүй (Тооллого 13:33). Хэрэв та итгэлийн хөрөг зурагтай болохгүй бол Бурханы төлөвлөсөн ирээдүй, алсын хараа руу явж чадахгүй. Тиймээс одоо бид Бурханы өмнө өөрийн гайхалтай үнэ цэнийг ухамсарлах ёстой. Энэ нь таны бодол санаа, залбирлын түвшинг дээшлүүлнэ гэж найдаж байна.

Өөртөө эерэг хандах ба хөршөө хайрлах

Өөртөө эерэг хандаг, өөрийгөө хайрладаг хүн Бурханыг болон бусдыг хайрлаж чадна. Өөртөө хандах хандлага нь бусдыг харах линзтэй адил. Энэ нь гүдгэр линзээр харахад гүдгэр, хотгор линзээр харахад хотгор харагдах зарчимтай төстэй. Үүнчлэн өөрийгөө хайрын нүдээр харж чаддаггүй хүмүүс бусдыг хайрын нүдээр харж чадахгүй. Хэрэв та өөрийгөө өчүүхэн гэж боддог бол бусад хүмүүс үүнийг мэдэрч, таныг үл тоомсорлох болно.

Өөрийгөө хайрлахыг эгоцентризмтэй(бүх зүйлийг өөртөө төвлөрүүлэх) андуурч болохгүй. Эгоцентризм нь өөрийгөө хайрлах биш харин өөрийгөө сөргөөр харахын үр дүн. Философич Эрих Фроммын хэлсэнчлэн хувиа хичээх үзэл ба өөрийгөө хайрлах нь өөрийгөө буруугаар харахын хоёр эсрэг туйл юм. Үүний эсрэгээр өөрийн давуу талыг үгүйсгэж, зөвхөн сул тал, алдаа дутагдлаа л харуулах нь даруу байдал биш, харин сэтгэлзүйн сүйрэлд хүргэдэг.

Хэрэв та өөрийгөө хайрлаж чадахгүй бол бусдыг хайрлаж чадахгүй. Ефес 5:28-д *"Тиймээс нөхрүүд ч эхнэрүүдээ өөрийн бие адил хайрлах ёстой. Эхнэрээ хайрлагч нь өөрийгөө хайрладаг"* гэсэн байдаг. *"Эхнэрээ хайрлагч нь өөрийгөө хайрладаг"* гэсэн нь "Өөрийгөө хайрладаг хүн эхнэрээ ч хайрлаж чадна" гэсэн утгатай. Үүнийг өргөн утгаар нь авч үзвэл өөрийгөө хайрладаг хүн нөхөр, үр хүүхдээ хайрлаж чаддаг, өөрийгөө хайрладаг хүн бусдыг хайрлаж чаддаг гэдгийг харж болно.

Эзэн Есүс *"Чи хөршөө өөрийн адил хайрла"* гэж айлдсан (Иаков 2:8). Эдгээр үгс нь "Чи бие махбодоо, өөрөөр хэлбэл өөрийгөө хайрлах ёстой, ингэснээр хөршүүдээ хайрлах болно" гэсэн утгыг агуулдаг. Хамгийн дээд хууль нь хөршөө хайрлах төдийгүй өөрийгөө хайрлах хайрыг ч агуулдаг гэдгийг санах ёстой. Өөрийгөө болон хөршөө хайрлах нь нэг зоосны хоёр тал шиг. Бид өөрсдийгөө хайрладаг хэмжээгээрээ Бурханыг болон хөршүүдээ хайрлаж чадна. Өөрийгөө маш их хайрлавал хөршүүдээ их хайрлаж чадна. Өөрийгөө бага зэрэг хайрлавал хөршөө ч бас бага хайрлах болно.

Жон Павел “Сэтгэлийн улирал” номдоо ингэж хэлсэн байдаг. “*Хэрэв танд өөрийнхөө талаар сэтгэл дундуур, хоосон мэдрэмж төрвөл хөршдөө хандах хүсэл, эрмэлзлээ алдах болно. Хэрэв та өөртөө эерэгээр хандаж, сэтгэл хангалуун байвал таны зовлон хөнгөрч, хөршүүдийнхээ хэрэгцээг сонсох боломжтой болно.*” Ийм байдлаар өөрийгөө хайрлах нь хүмүүсийн хоорондын харилцаанд асар их нөлөө үзүүлдэг.

Өөрийгөө хайрлах нь өөрийнхөө зан чанарыг үнэлэх, түүнд итгэх, өөртөө итгэх бат итгэл, бусдын үнэ цэнийг хүлээн зөвшөөрөх зэрэг чанаруудыг багтаадаг. Сургаалт үгс 23:7-д “*Тэрээр хоолойд торох хялгас мэт агаад “Уу! Ид!” гэж тэр чамд хэлэвч үнэндээ зүрх нь чамайг гэээгүй байдаг*” гэж хэлдэг. Хэрэв бид нөгөө хүнээ ямар хүн болохыг мэдэхийг хүсвэл эхлээд тэр хүн өөрийнхөө тухай юу гэж боддогийг мэдэх хэрэгтэй. Хөршүүдээ хайрлаж, бусадтай аз жаргалтай харилцааг бий болгохын тулд эхлээд өөрийгөө хүндэлж, өөртөө эерэг хандах ёстой.

Сул тал ч сайн тал болж болдог

Өөртөө эерэг хандахын өөр нэг чухал тал бол Бурханы өмнө өөрийн сул дорой байдлаа бүрэн хүлээн зөвшөөрөх явдал юм. Өөртөө эерэг хандах нь өөртөө итгэлтэй байх эсвэл бардам зантай адилгүй. Өөрийн сул талдаа эерэг ханддаг хүн даруу байж чаддаг. Ийм даруу зантай хүн Бурханд бүрэн найдаж чадна. Зөвхөн Бурханд туйлын эерэг хандах нь надад хүч чадал, урам зоригийг өгч, алсын хараа руугаа итгэлтэйгээр урагшлах боломжийг олгодог.

Эдисон дүлий байсан ч пянз тоглуулагч зохион бүтээж, Жон Милтон хараагүй байсан ч Английн хамгийн агуу яруу найрагч хэмээн магтагдаж байжээ. Жон Бунян мөстэй шоронгийн өрөөнд “Үнэний эрэлчин” зохиолоо бичжээ. Луис Пастер бие махбодоо чөлөөтэй ашиглах боломжгүй үедээ өвчлөлтэй холбоотой дархлааны үндсэн зарчмуудыг нээж илрүүлсэн. Эдгээр хүмүүсийн нийтлэг шинж чанар нь сул дорой байдалдаа бухимдан амьдраагүйд байгаа юм. Харин тэд өөрсдийн сул талаа илүү сайн тал руу дэвших боломж болгон ашигласан.

Абрахам, Исаак, Иаков нарыг “итгэлийн өвөг эцэг”

гэж нэрлэдэг байсан ч тэд худал хэлэх, хууран мэхлэх, алдаа гаргах зэрэг олон алдаатай хүмүүс байсан. Харин Бурхан тэднийг итгэлийн хүмүүс болгон сонгож, сургаж, ашигласан. Мосе, Давид, Паул мэт итгэлийн бусад баатруудын хувьд ч мөн адил. Тэд бүр алуурчин, хам хэрэгтнүүд байсан. Хүний үйлдсэн хамгийн том нүглийн нэг бол хүн амины хэрэг. Ийм л хүн амины хэрэг хийсэн хүмүүсийг ашигласан Бурхан үнэхээр агуу биш гэж үү? Итгэлийн хүмүүс агуу биш, харин тэднийг ашигласан Бурхан агуу юм.

Хэдий би сул дорой, дутагдалтай, хүнд хэцүү нөхцөл байдалд байсан ч Бурханд найдаж, туйлын эерэг итгэлээр урагшлах үед өөрийгөө эергээр харж, дуудлагаа үргэлж шинэчилж чадна. Миний амьдралд өвчин, өргөс байлаа ч надад өгдөг Бурханы ивээл, хүч чадал шинэ гэдгийг мэдэх ёстой. Бурхан элч Паулыг сүнслэг байдлын хувьд бардам болохвий гэж түүний махан биед нь өргөс өгсөн гэдгийг санах ёстой. Өргөсний утгыг ойлгосон Паул ингэж өчжээ.

> "Тэр надад *'Миний нигүүлсэл чамд хангалттай. Учир нь мөхөсдөлд [Миний] хүч бүрэн төгс болдог'* гэж айлдсан. Иймд Христийн хүч надад орших тул би

ихэд баяртайгаар мөхөсдлөөрөө илүү сайрхана. Иймд Христийн төлөө мөхөсдөл, доромжлол, гачигдал, хавчлага,шахалтдаа би баяртай байна. Учир нь би хэзээ мөхөсдөнө, тэр үедээ хүчтэй байдаг"
2Коринт 12:9-10

Бурхан дотор бүх зүйл шинэчлэгдэж, бүх зүйл хамтдаа сайн сайхны төлөө ажиллах боломжтой болдог. Хэрэв Бурхан танд хайртай гэдэгт, таны амьдралд зориулсан гайхалтай, сайн төлөвлөгөөтэй гэдэгт итгэдэг бол бүх сул тал сайн тал болж, бүх хараал ерөөл болж хувирах гайхамшгийг мэдрэх болно.

Өөрийгөө Бурханы үгээр ерөө

Эш үзүүллэг гэдэг нь Бурханы хайрын зүрх сэтгэлээр Түүний бодол санаа, үгсийг Бурханы өмнөөс хэлж, тунхаглахыг хэлдэг. Эш үзүүллэг нь чуулганд, бусдад эсвэл олон нийтэд хандсан байж болох ч үүнийг эхлээд өөртөө хэрэгжүүлэх ёстой. Эш үзүүлэгч Иоел эцсийн өдрүүдэд Ариун Сүнс бүрэн дүүрэн ирэх үед түүний тэмдэг болж хүмүүс наснаасаа үл хамааран Бурханы үгээр дамжуулан мөрөөдөл, алсын хараатай болно гэж эш үзүүлсэн байдаг (Иоел 2:28).

Бурхан Абрахамд *"Чи ерөөл болно"* гэж хэлсэн. Тэрээр Абрахамыг агуу үндэстэн болгож, түүний нэрийг агуу болгон ерөөж, бүх хүмүүст ерөөл болгоно гэж амласан (Эхлэл 12:2). Түүнийг ерөөл аваад зогсохгүй ерөөлийн эх сурвалж, ерөөлийн суваг болно гэж амласан. Бурхан түүнийг ерөөл болгосон тул Абрахамыг ерөөгчдийг ерөөж, Абрахамыг хараасан хүмүүсийг хараана гэж айлдсан (Эхлэл 12:3).

Энэ нь Абрахамын итгэлийн үр удам болсон өнөөгийн бидэнд ч мөн адил хамаарна. Бид Есүст итгэх үедээ аль хэдийн ерөөл болсон (Галат 3:14). Зөвхөн би ерөөгдөөд зогсохгүй надаар дамжуулан олон хүн ерөөгдөх болно. Тиймээс би өөрийгөө ерөөж, тунхаглах ёстой. Өөрийн нэрийг оруулаад ерөөгөөрэй. "......., *чи аль хэдийн ерөөл болсон. Чамаар дамжуулан олон хүн тэнгэр, газрын ерөөлүүдийг хүртэх болно!*"

Эш үзүүллэг нь ихэвчлэн ирээдүйтэй холбоотой байдаг. Бурхан Абрахам, Петр, Иаков нарыг харахдаа тэднийг одоогийн дүр төрх, алдаа дутагдлаар нь дүгнээгүй. Бурхан Абрахамыг олон үндэстний эцэг, Петрийг Бурханы өргөөг босгох хадан суурь, Иаковыг Израиль гэж нэрлэн Бурханы ариун үндэстэн гэж харсан юм. Амьдралд минь зориулсан Бурханы хайр, хүлээлт миний төсөөлж байгаагаас хамаагүй том бөгөөд агуу юм.

Хэрэв би Бурхан надад хайртай гэдгийг ухаарсан бол тэр хайраар өөрийгөө Бурханы үгээр ерөөх ёстой. Толинд хараад тунхаглаад үзээрэй. *"Чи бол Бурханы хүүхэд. Чи бол ерөөлийн суваг. Чамаар дамжуулан Бурханы хайр урсах болно. Чиний харьяалагдаж буй хамт олон чамаар дамжуулан өөрчлөгдөх болно. Чамд Ариун Сүнсний дүүргэлт, эдгэрлийн ажил явагдах болно. Чи бол баян хүн. Чамд олон сайхан зүйл тохиолдох болно."* Ингэснээр амьдрал маань Бурханы бодол, итгэл, мөрөөдөл, үгийн дагуу өөрчлөгдөх болно.

Туйлын эерэг байдлын гайхамшиг танд болон надад тохиолдож болно. Энэ гайхамшгийг мэдрэхийн тулд та өөрийнхөө талаар шинэ эерэг хандлагатай байх ёстой. Өнөөдрөөс эхлэн өөрсдийгөө загалмайн нүдээр харж, шинэ хөргөө зурцгаая. Бид сүнслэг эрхэм байдал, хангалуун байдлаар өөрийн хөрөг зургийг сэргээх ёстой. Та амьдралынхаа дуудлагыг ухамсарлаж, өөрийгөө сүнслэгээр ерөөх ёстой. Тэр үед Бурханы дүүрэн ерөөл надад ирэх болно. Өөртөө эерэг хандахын арвин их нигүүлсэл та бүгдэд дүүрэн байх болно гэж найдаж байна.

Positivity Quotient Check List

Туйлын эерэг байдлаа шалгах хүснэгт ☑

Өөртөө эерэг хандах хандлагын үзүүлэлт (PQ) хэд вэ?

Өгөгдлүүдийг уншаад тохирох нүдийг чагтална уу!

Хэмжих асуултууд	Огт тийм биш	Тийм биш	Ихэнх-дээ	Тийм	Яг тийм
	1 оноо	2 оноо	3 оноо	4 оноо	5 оноо
1. Би өөрийгөө дур булаам гэж боддог.					
2. Өөрийгөө бусадтай харьцуулж өөрийгөө дорд үздэггүй.					
3. Бурхан намайг онцгой, нандинаар бүтээсэн гэдэгт итгэдэг.					
4. Би өөрийгөө хайрлуулах бүрэн эрхтэй гэж боддог.					
5. Би одоо аз жаргалтай байна.					
6. Бусдын хов жив, шүүмжлэл надад тийм ч их нөлөөлдөггүй.					
7. Би өөрийн гэсэн өвөрмөц авьяастай, үнэ цэнтэй гэдэгт итгэдэг.					
8. Би өөрийгөө үнэлж, хайрладаг.					
9. Би ямар ч ажлыг сайн хийж чадна гэж боддог.					
10. Би ирээдүйгээ төсөөлж, түүнийгээ тунхаглаж, ерөөдөг.					

Асуулт бүрийн оноог нэмнэ.
Өөртөө эерэг хандах хандлагын
үзүүлэлтийн нийлбэр (_____ оноо)

“Бурхан та нарыг Христ дотор
уучилсны адил бие биенээ уучлан,
нэг нэгнээ энэрч,
аядуу зөөлөн сэтгэлээр ханд”

Ефес 4:32

Бүлэг 04

Таван төрлийн эерэг байдал (2): Бусдад эерэг хандах нь

Туйлын Эерэг

Байхын Гайхамшиг

Бүлэг **04**

Таван төрлийн эерэг байдал (2): Бусдад эерэг хандах нь

> "Хохирсон зүйлээ элсэн дээр бичиж,
> хүртсэн ивээлээ гантиг чулуун дээр бич."
>
> **- Бенжамин Франклин**

Таван төрлийн эерэг байдлын хоёр дахь нь бусдад эерэг хандах юм. Бид загалмайн өмнө өөрсдөдөө хандах эерэг байдлаасс гадна бусдад хандах эерэг хандлагаа шинэчлэх ёстой. Бидний байнга дуулдаг "Сайн хүчээр"(Von guten Mchten) магтаалыг бичсэн Германы пастор Дитрих Бонхоэффер ийн хэлжээ: "*Бурхантай уулзсан хүн ах дүүстэйгээ уулздаг. Бурхантай уулзсан хүн ах дүүсийнхээ царайг Бурханы царай мэт хардаг бол харин ах дүүстэйгээ уулзаагүй хүн Бурхантай ч уулзаж чадахгүй... Тиймээс Бурхан Өөрөө Христ дотор бидэнтэй ах дүүс болсон нь биднээр дамжуулан бүхий л ах дүүсийг Түүнтэй уулзуулахын тулд юм.*" Хэрэв та Бурхантай үнэхээр уулзаж, өөрчлөгдсөн хүн бол Түүний бусдын төлөөх зүрх сэтгэлийг мэдрээд зогсохгүй бүр тэднийг хүндэлж чадна (Ром 12:10)

Бурханы шивнээ

Америкийн нэрт сэтгэл зүйч Энн Грудел сэтэрхий уруул тагнайн гажигтай төрсөн бөгөөд бага наснаасаа өөрийгөө бусдаас дорд үздэг байжээ. Сэтэрхий уруул, тагнайн мэс засал түгээмэл болсон өнөө үеийнхээс ялгаатай нь тухайн үед энэ өвчнийг эмчлэх мэс засал тийм ч амар байгаагүй. Нүүр нь мурийж, шүд нь тэгш бус, дуудлага нь тодорхой бус байсан Энн гэр бүлээс нь өөр хэн ч түүнийг хайрлаж чадахгүй гэж бодон үргэлж ганцаараа амьдардаг байлаа.

Гэтэл нэг өдөр Энний сургууль дээр "Шивнээ тест"(The Whisper Test) явуулжээ. Жил бүр явагддаг энэхүү тест нь сурагчдыг үүдэнд нуруугаа харуулан зогсоод нэг чихийг нь тагладаг. Түүний дараа багш нь суудлаасаа "*Тэнгэр цэнхэр өнгөтэй,*" "*Өнөөдөр цаг агаар сайхан байна*" гэх мэт өгүүлбэрийг хэлээд сурагчид нь түүнийг давтан хэлдэг тест байжээ.

Энний ээлж болов. Тэр үед багшийн амнаас гарсан богино өгүүлбэр түүний амьдралыг өөрчилсөн байна. *"Өхөөрдөм чи миний охин байсан бол ямар сайхан байх байсан бэ?"* Эдгээр үгс Эннийг дахин төрүүлжээ. Төрөлхийн дутуу дулимаг нэгэн гэсэн түүний бодол, хайр хүртэх эрхгүй төрсөн хүн гэсэн түүний сөрөг хөрөг нь бүрмөсөн нуран унасан мөч байлаа. Хожим нь Энн *"Бурхан тэр богино өгүүлбэрийг багшийн аманд оруулсан байх. Тэр нь миний бүх амьдралыг өөрчилсөн"* гэж дурссан байдаг.

Энн өөрийг нь хайрладаг багшийнхаа охиноо болгомоор 'эрхэм нандин, хайр хүргэм нэгэн' гэх үгсээр өөрийнхөө хөргийг зурсан юм. Өөрийн сөрөг хөрөг зургаа хаяж, шархалсан зүрх сэтгэлээсээ эдгэрсэн тэрээр одоо сэтгэл зүйч болж, бусдын зүрх сэтгэлийг эмчлэхийн тулд ажиллаж байна. *"Чи миний охин байсан ч болоосой."* Багшаар нь дамжуулж хэлсэн Бурханы зүрх сэтгэл өөр нэгэнд ч шинэ хөрөг зурагтай болох үр болон тarигдах болно.

Закхай ч мөн Есүсийн шивнээгээр түүний амьдрал өөрчлөгдсөн гайхамшгийг мэдэрсэн. Тэр баян хэдий ч намхан биетэй, татвар хураагч хийдэг байсан тул хүмүүст ад үзэгдэн амьдрахаас өөр аргагүй байжээ. Нэгэн өдөр Есүс өнгөрч явах тухай мэдээ Закхайд хүрч, Есүстэй уулзахаар хотын төвд очив. Аль хэдийн олон хүн цугларсан байсан ч намхан биетэй Закхайд зай гаргахыг хүссэнгүй. Түүнд инжир мод руу авирахаас өөр арга байсангүй. Учир нь Есүсийг мэдэх хүсэл нь хүмүүсийн түүнийг юу гэж бодохоос илүү чухал байсан юм.

Есүс түүнд анхаарлаа хандуулжээ. Гудамжаар явж байгаад зогсоод *"Закхай!"* гэж Тэр дуудав. Нүгэлтэн хэмээн шүүмжлэгдэж байсан түүнийг 'Абрахамын үр удам' гэж нэрлэсэн юм. Есүсийн Заккайд хандсан шивнээ нь түүний 'гэмтэн,' 'татвар хураагч,' 'намхан,' 'муухай хүн' гэсэн сөрөг хөрөг зургийг 'хайрлагдсан нэгэн,' 'Абрахамын үр удам' гэсэн эерэг хөрөг болгон өөрчилсөн. Өөрийгөө харах өнцөг өөрчлөгдтөл ирээдүй болон ертөнцийг үзэх үзэл ч өөрчлөгдсөн. Тэр Есүстэй уулзаад булаан авсан бүхнээ буцааж өгөөд зогсохгүй дөрөв дахин ихийг төлөхөө амласан. Түүний амьдрал цоо шинэ болсон юм.

Хэдийгээр би өчүүхэн, байнга унаж, алдаа гаргадаг ч 'Бурхан надад хайртай' гэсэн шивнээг сонсдог хүн энэ хорвоогийн бүх сорилт бэрхшээлийг даван туулж чадна. Тэгээд ч зогсохгүй намайг хайрладаг Бурхан дэлхийг бас хайрладгийг мэддэг учраас хөршүүдээ ч бас хайрладаг. Тийм учраас Есүс "*Хөршөө өөрийн адил хайрла*" гэж хэлсэн юм. Миний төлөө үхсэн Есүс хөршүүдийн минь төлөө, надтай ямар ч холбоогүй хүмүүсийн төлөө бас миний дайсны төлөө ч үхсэн гэдгийг мэдэх нь бүх хөршөө хайраар тэврэх хүчийг өгдөг. Тиймээс туйлын эерэг Бурхантай учирсан хүмүүс өөрсдөдөө эерэг хандаж, цаашлаад бусдад ч эерэг ханддаг. Мөн бусдад Бурханы хайрын шивнээг гэрчлэн дамжуулдаг.

Ганц хүний дэмжлэгт орших хүч

Хүмүүс хэзээ хамгийн хэцүү байдаг вэ? Гадуурхлыг мэдрэх эсвэл хаягдахвий гэсэн айдас төрөх үедээ. Эсрэгээрээ хэн нэгэн өөрт нь итгэж, дэмжих үед ямар ч хэцүү бэрхшээлийг даван туулж чаддаг.

"Сэргэх чадвар" номын зохиолч, профессор Ким Жү Хуан ингэж хэлжээ: "*Хэцүү нөхцөлд ч гэсэн тэсвэр хатуужилтай, зөв өсөж хөгжсөн хүүхдүүдээс нэгэн нийтлэг зүйл илэрсэн байна. Энэ нь тухайн хүүхдийн байр суурийг ямар ч үед ойлгож, хүлээн зөвшөөрдөг том хүн тэдний амьдралд хамгийн багадаа нэг байжээ. Тэр нь тухайн хүүхдийн ээж, аав, эмээ, өвөө, авга ах, нагац эгч ч байж болно."*

Зөвхөн нэг л хүн бидэнд итгэдэг байхад амьдрал маань өөрчлөгдөж болно. Нэг хүний итгэлээр амьдралдаа өөрчлөлт гаргасан нэгэн цэрэг байжээ. Тэрээр хамт цэрэг татагдсан хүмүүстэйгээ харьцуулахад албан тушаал ахих хугацаа нь хойшлогдож байгааг харах болгондоо өөрийгөө дорд үзэж, цөхрөх мэдрэмжээс болж зовж шаналж байв. Гэвч эхнэр нь түүнийг тайвшруулав. Нөхөртөө "*хэзээ нэгэн цагт боломж гарч ирэх учраас битгий сэтгэлээр унаарай*" гэж байнга зоригжуулж байсан юм. Эхнэрийнхээ тайвшралд урамшсан тэрээр өөрт оногдсон албан тушаалдаа үргэлж чадах бүхнээ хийдэг байв. Бусдын хийхийг хүсдэггүй албан тушаалд ч тэрээр үүргээ үнэнчээр биелүүлсэн. Тэгээд эцэст нь хошууч болоод 16 жилийн дараа дэд хурандаа цол хүртсэн байна.

Энэ хүнийг Эйзенхауэр гэдэг. Хамт элсэгчдийнхээ дунд хамгийн сүүлд албан тушаал дэвшиж, хил тойрон ажиллаж байсан Эйзенхауэр хожим нь дэлхийн 2-р дайнд АНУ-ын ерөнхий командлагчаар ажиллаж, АНУ төдийгүй холбоотны улсуудад ялалтыг авчирсан юм.

Цаашилбал тэрээр АНУ-ын 34 дэх ерөнхийлөгчийн хувьд эдийн засгаа тогтвортой удирдаад зогсохгүй арьс өнгөөр ялгаварлан гадуурхах үзлийг халж, дэлхийн энх тайвныг тогтооход тус нэмрээ оруулсан билээ.

Бусдад эерэг хандаж, дэмжин урамшуулах нь гайхалтай хүчийг гаргадаг. "*Магтаал халимыг ч бүжиглүүлдэг*" гэдэгчлэн бусад хүмүүс намайг хүндэлж, найдлага тавин анхаарахад надаас хичээл зүтгэл, сайн үр дүн гардаг шүү дээ. Үүний адил түүний эхнэрийн дэмжлэг, эерэг үгс нь Эйзенхауэрыг агуу цэрэг, шилдэг удирдагч болгожээ.

Та дэмжлэгийн үгсийг хэнд хэлэх вэ? Таны ганц үг бусдын амийг аварч чадна. Биднийг үргэлж дэмжиж, мөрөөдөл, итгэл найдвар өгдөг Их Эзэн та нараар дамжуулан хайр ба туйлын эерэг үгсээ түгээхийг хүсэж байна.

Харилцааны хүч

Хүмүүс бусадтай харилцаж ертөнцтэй танилцдаг. Ялангуяа бага насны хүүхдүүд асран хамгаалагчийнхаа арьсанд хүрснээр ертөнцийг мэдэрч, өөрийнхөө дүр төрхийг бүрдүүлдэг. Судлаач Жон Боулби асран хүмүүжүүлэгчтэйгээ зөв ээнэгших нь хүний мөн чанар бүрэлдэн тогтох хамгийн чухал хүчин зүйл гэж тодорхойлсон "Ээнэгших онол"(Attachment theory) гэдгийг анх танилцуулсан хүн. Харин Харри Харлоу хэмээх эрдэмтэн "Ээнэгших онол" дээр үндэслэн дараах туршилтыг хийжээ. Тэрээр бяцхан сармагчныг эхээс нь салгаад лабораторид өсгөсөн ба тэр дотор сүү гардаг төмөр утсан сармагчин, сүү гаргадаггүй даавуун сармагчныг байршуулжээ. Сармагчнууд ямар үйл хөдлөл гаргасан гэж бодож байна? Тэд өлссөн үедээ төмөр утсан сармагчин дээр очсон бол хоолоо идэж дуусаад даавуу сармагчин руу очжээ. Учир нь сармагчнууд халуун дулаан харилцааг илүү мэдрэхийг хүссэн юм.

Жеки Робинсон бол дээд лигт тоглосон анхны Африк гаралтай, америк тоглогч юм. Тэрээр 1947-1956 онд "Лос Анжелес Доджерс" багийн өмнөх "Бруклин Дожерс" багийн гишүүнээр тоглож байсан ба 1962 онд Бейсболын алдрын танхимд багтсан юм. Нэмж дурдахад домогт тоглогчийн маань "42" гэсэн дугаарыг алдаршуулан мөнхөлж, үүрд байрлуулжээ. Өнөө үед бид Африк гаралтай тамирчдыг спортын бүх төрлөөс элбэг харж болох ч Жеки Робинсоны үед АНУ-д цагаан арьстныг дээрд үзэх үзэл хүчээ авсан байв. Зөвхөн цагаан арьстны спорт гэж тооцогддог бейсболын тоглогчийн хувьд тэрээр үргэлж гадуурхалт, доог тохуунд өртдөг байлаа.

Нэг өдөр тэр хамгаалалтын алдаа гаргажээ. Цугларсан хүмүүс доог тохуу хийж, нэг багийн тоглогчид нь хүртэл хэл амаар доромжилж, дургүйцлээ нуугаагүй юм. Ширүүн уур амьсгал дээд цэгтээ хүрэх үед богино зайны хамгаалагч Пи Ви Риз түүн рүү очиж, бээлийгээ тайлж түүнийг тэврэсэн байна. Тэгээд тэр хоёр инээлдэн ярилцав. Цэнгэлдэх хүрээлэнгийн уур амьсгал хормын дотор өөрчлөгджээ. Хожим нь Жеки Робинсон *"Энэ үед өөрийгөө дахин төрсөн"* гэж хэлсэн байдаг. Пи Ви Ризийн урамшуулал үгүй бол домогт тоглогч төрөхгүй байх байв.

Танд хүнд хэцүү үедээ гүйж очоод тэврэх хүн байна уу? Бурхан биднийг үргэлж хүлээж, халуун дулаан харцаараа ширтэн харсаар байдаг. Энэ л харилцааг дуулаач ингэж илэрхийлсэн юм.

"Бурхан, бидний хоргодох газар ба хүч,
Зовлон шаналан дунд үнэхээр олддог тусламж"
Дуулал 46:1

"Миний дотор санаа зовоосон бодлууд олшроход
Таны тайтгаруулллууд сэтгэлийг минь баясгадаг."
Дуулал 94:19

Бурханаар тэврүүлэхэд бүх санаа зовнил, айдас арилдаг. Хүмүүсийн харц, маргаашийн талаарх санаа зовнил ч биднийг сөхрөөж чадахгүй. Бурханы хайр биднийг дахин босгож, туйлын эерэг итгэлээр ялалтад хүргэдэг. Түүгээр зогсохгүй энэ л хайрын хүчээр хөршүүддээ дахин хүрч, урамшуулан босгодог. Би таныг Бурханы хайраар хүчирхэгжээд ядарч, туйлдсан нэгэндээ тайтгарлын гараа сунгаж, өөрсдийн мэдэрсэн хайрын хүчээ хуваалцаж чадна хэмээн найдаж байна..

Готманы 5:1 дүрэм

Хоолыг сайхан амттай болгох нууц бол сайн амтлах. Хичнээн үнэтэй, сайн орц хэрэглэсэн ч давслаг, чихэрлэг, халуун ногоотой, гашуун, исгэлэн зэрэг амтны тэнцвэр алдагдвал амттай хоол болж чадахгүй. Тиймээс хүмүүс хоол хийхдээ алдартай жорыг дагаж хийх юмуу эсвэл амттай газрын жорыг авахын тулд мөнгө төлдөг.

Хоол хийхэд жор чухал байдгийн адил хүмүүс

хоорондын харилцаанд ч жор чухал байдаг. Хосууд болон гэр бүлийн харилцааны чиглэлээр мэргэшсэн, дэлхийн нэр хүндтэй доктор Жон Готман аз жаргалыг тодорхойлох хамгийн чухал хүчин зүйл бол "Харилцан ярианы арга барил" гэж зөвлөдөг. Тэрээр 39 жилийн турш 3600 хосыг ажиглан судалсны үр дүнд "*Маргааны агуулга бус харин маргааны арга барил нь зөрчилдөөнийг нэмэгдүүлж, харилцааг өвчлүүлдэг*" гэжээ. Сайн харилцаатай хосууд таашаал, хүндлэл, талархал гэх мэт эерэг аргуудыг илүү ашигладаг бол салсан хосууд шүүмжлэх, үл тоомсорлох зэрэг сөрөг аргуудыг түлхүү хэрэглэдэг болох нь батлагджээ. Үүний зэрэгцээ доктор Готман мөн аз жаргалтай харилцаанд эерэг хэл ба сөрөг хэллэгийн харьцаа 5:1 байна гэсэн тодорхой тоо баримтыг гаргасан юм. Үүнийг "Готманы 5:1 дүрэм" гэж нэрлэдэг. Өөрөөр хэлбэл сөрөг үгсээс тав дахин илүү эерэг үгсийг ашиглах хэрэгтэй гэсэн үг.

Энэ хууль зөвхөн гэр бүлийн харилцаанд хамаарахгүй. Аливаа уулзалт эерэг, хүндлэлээр дүүрэн байвал дараагийн уулзалтыг тэсэн ядан хүлээх болно. Харин хүйтэн үгийг хамаагүй хэлдэг, шүүмжлэлтэй царай гаргадаг хүнтэй уулзахаас зайлсхийх нь тодорхой. Набалын доромжилсон үгс болон Абигаилын даруу байдлыг санаарай. Абигаилын даруухан үг хэллэг, танихгүй хүмүүст зочломтгой хандсан нь Давидыг гэмт хэрэг үйлдэхээс сэргийлээд зогсохгүй хоньчид болон зарц нарынх нь амийг аварсан юм. Тэгээд ч зогсохгүй өөрөө хүртэл өргөмжлөгдсөн (1Самуел 25).

АНУ-ын шоронгийн хоригдлуудын 90 гаруй хувь нь эцэг эхээсээ итгэл найдвар тээгээгүй, үл тоосон сөрөг үгсийг сонсож өссөн байжээ. Сөрөг үг сонсож өссөн хүмүүсийн ирээдүй ч сайхан байдаггүй. Харин "*Чи үнэ цэнтэй. Чи үүнийг хийж чадна*" гэх мэт эерэг үгс сонсож өсөх нь эерэг ирээдүйн үүд хаалгыг нээж өгнө. Та бүхэн яамаар байна вэ? Та сөрөг үг их хэрэглэж байна уу? Эерэг үгсийг олон ашиглаж байна уу? Хүмүүс сайн харилцаа, амьдралын аз жаргалд эерэг үгс чухал гэдгийг санаарай.

Харилцан ярианд нөлөөлдөг эерэг мэргэн ухаан

Бусадтай ярилцаж байх үед ч эерэг үг хэлэх ухаан хэрэгтэй. Эрт урьд цагт Туркийн нэгэн эзэн хаан зүүд зүүдэлжээ. Тэрээр бүх шүд нь унаж байгаа хачирхалтай зүүдийг зүүдэлжээ. Сэрсэн даруйдаа нэгэн мэргэн хүнээс зүүдээ тайлж өгөхийг гуйв. Тэрээр “*Эрхэм дээдсээ, энэ бол маш аймшигтай зүүд юм. Таны шүд нэг нэгээрээ унаж байгаа нь таны үнэнч албат бүгд нэг нэгээрээ үхнэ гэсэн үг*” гэв. Тэгтэл эзэн хаан уурлаж “*Юу? Яаж ийм аймшигт үг хэлж зүрхлэв? Үүнийг даруй чирч гаргаад 50 удаа банзад*” гэж тушаав.

Өөр нэг мэргэн хүн эзэн хаанд дуудагдав. Зүүдийг сонссон тэрээр ингэж хэлэв. “*Эрхэм дээдсээ, зүүд чинь өлзийтэй сайн байна. Маш сайхан зүүд байна. Эрхэм дээдэс та бусад албатаасаа урт наслах болно*” гэлээ. Эзэн хаан зүүдний тайллыг сонсоод ихэд баярлаж, “*нярваас 50 алтан зоос аваад буц*” гэжээ. Тэр үед нярав мэргэн хүнд хандан “*Чиний зүүдний тайлал анхны зүүдний тайллаас тийм ч их ялгаатай биш бус уу? Албатууд түрүүлж үхэх, эзэн хаан илүү урт наслах адилхан зүйл биш үү?*” гэв. Гэтэл өнөөх мэргэн хүн инээмсэглэн “*Тийм ээ. Хүмүүс олон зүйлийг ярьж болно. Гэхдээ түүнийг хэрхэн хэлэх нь чухал*” гэж хариулсан гэдэг.

Үүнчлэн бусадтай харилцахдаа үгээ ухаалгаар илэрхийлэх нь чухал. “*Адилхан үг ч яаж илэрхийлэхээсээ шалтгаалан тэс өөр болж болно*” гэсэн утгатай солонгос ардын зүйр үг бий. Бусдыг шүүмжлэх, зэмлэхээс татгалзаж, бусдыг босгох мэргэн үгийг хэлэх хэрэгтэй.

Энэ бол Жусон гүрний үеийн Чонбекри гэдгээрээ танигдсан түшмэл Хуан Хид тохиолдсон түүх юм. Тэрээр ордноос гараад гэр лүүгээ явж байтал хоёр үхрээр талбайгаа хагалж буй тариачинтай таарчээ. Тэгээд тариачнаас асуулт асуув. *"Энэ хоёр үхрийн аль нь илүү сайн ажилладаг вэ?"* Тэгтэл тариачин хийж байсан зүйлээ зогсоож, түүний зүг алхаад чихэнд нь *"Аан, хар үнээ шар үхрээс илүү ажилладаг"* гэж шивнэв. Түшмэл Хуан Хи *"Наадахаа л хэлэхийн тулд чи наашаа ирж байгаа юмуу?"* гэхэд тариачин *"Үхэр ч гэсэн бүгдийг сонсож байгаа. Харьцуулсан үгийг сонсвол сэтгэл нь тавгүйтнэ"* гэж хариулсан гэдэг.

Бусдыг амархан шүүмжилж болохгүй. Эзэн Есүс *"Бусдыг бүү шүү, тэгвэл шүүгдэхгүй. Бусдыг бүү ялла, тэгвэл яллагдахгүй. Уучлагтун, тэгвэл та нар мөн уучлагдана"* гэж айлдсан билээ (Лук 6:37). Илчлэл номд Бурханы аврал болон хаанчлал биелэгдэхэд *"Бурханы өмнө ах дүүсийг маань өдөр шөнөгүй буруутгадаг буруутгагч доош хаягдсан"* гэж өгүүлсэн байдаг (Илчлэлт 12:10). Грек хэл дээрх муу ёрын сүнсний нэрсүүдийн нэг нь "диаболос" юм. "Чөтгөр" гэсэн англи үг нь энэхүү 'диаболос' гэсэн үгнээс гаралтай. Энэ нь '*гүтгэгч, буруутгагч'* гэсэн утгатай. Сатан Адам, Ева хоёрыг гэмд унагахдаа Бурханыг гүтгэсэн. Мөн Адам, Еваг Бурханы өмнө буруутгахад хүргэсэн. Тэр цагаас хойш өнөөг хүртэл муу ёрын сүнс хүмүүсийг нүгэл үйлдүүлж, чуулганыг сүйрүүлэхийн тулд буруутгал, гүтгэлгийг хүчирхэг зэвсэг болгон ашигласаар ирлээ. Тиймээс бусдыг гүтгэгч нь чөтгөрийн мөн чанарыг дууррайсан хэрэг мөн.

Бид бусдад ач тустай, ерөөлийн үгсийг их хэрэглэх хэрэгтэй. *"Амнаас чинь ямар ч ялзарсан үг бүү гараг. Харин хэрэгтэй үед нь бусдыг босгон байгуулах тустай үг хэл. Тэгвэл энэ нь сонсож буй хүнд нигүүлсэл өгнө"* (Ефес 4:29). Сөрөг үгс таны амнаас гарах ёсгүй.

Бенжамин Франклин *"Амжилтад хүрэх нууц нь хов жив ярих биш харин нөгөө хүнийхээ давуу талыг илчлэх явдал"* гэж хэлсэн удаатай. Бусдад эерэг хандаж, урам зориг өгөх сайхан үгс нь зүрхэнд баяр баясгалан авчирч, биеийг эрүүл болгох маш сайн эм юм. *"Тааламжит үгс зөгийн балтай сархинаг мэт. Сэтгэлд бурам, ясанд эм буюу"* (Сургаалт үгс 16:24). Эерэг үгсээр хийсэн эм нь ямар ч сөрөг нөлөөгүй бөгөөд маш үр дүнтэй байдаг. Бусдыг босгосон харилцан яриа нь ингэж бидэнд аз жаргал, эрүүл мэндийг авчирдаг.

Таван минутын найрсаг байдлыг авчирсан гайхамшиг

Америкийн сэтгэл зүйч Адам М.Грант "Өгөх ба авах" номдоо "*Өгөхөөсөө илүү ашиг олохыг эрмэлздэг хүн нь авсан хэрээрээ буцааж өгдөг хүнээс илүүгээр бусдын эрх ашгийг нэгдүгээрт тавьдаг хүний амжилтад хүрэх магадлал өндөр*" гэж хэлсэн. Мөн бусдыг амжилтад хөтөлдөг хүн амжилтад хүрвэл эргэн тойрныхон нь амжилтад хүрэх боломж ч нэмэгддэг гэсэн байна. Ингэж бусдад өгөх нь 100 метрийн гүйлт мэт богино хугацааны уралдаанд шууд үр дүнгүй мэт харагдах боловч марафон гүйлт шиг урт хугацааны уралдаанд үнэ цэнгээ үзүүлдэг.

Доктор Грант "Таван минутын найрсаг байдлын дүрэм"-ийг бусдад анхаарал тавих арга техникүүдийн нэг гэж санал болгосон байна. Үүний зэрэгцээ тэрээр Адам Рифкин хэмээх хүний найрсаг байдлын талаар бичжээ. Рифкин нь буцааж авна гэсэн бодолгүйгээр тавхан минут л нөгөө хүнийхээ яриаг чагнах багахан найрсаг байдлыг гаргасан байна. Түүний энэхүү найрсаг байдал бусдад хүрч, түүнээс тусламж авсан хүмүүс ч бусдад туслах болсон байна. Үүний үр дүнд Рифкин амжилттай бизнесмен болж, 2011 онд "Fortune" сэтгүүлээс дэлхийн нөлөө бүхий хүнээр шалгарахдаа 640 хүнээс хамгийн олон хүнтэй нь холбоотой нэгэн болжээ. Рифкин нь нөхөрсөг харилцаа холбоогоор дамжуулан амжилтын баялаг соёлыг бий болгожээ.

Найрсаг байдал, анхаарал халамж нь хүмүүс хоорондын харилцааны амжилтад маш чухал хувь нэмэр оруулдаг. Хүн бүр найрсаг хүнд дуртай. Бид ч найрсаг хүмүүст дуртай бөгөөд тэдний эргэн тойронд байхыг хүсдэг. Яагаад гэвэл найрсаг хүмүүс халуун дулаан, зөөлөн байдаг. Ариун Сүнсний есөн үр жимсний нэг нь бол энэрэл юм (Галат 5:22-23). Үүнийг англи Библид 'нинжин сэтгэл' гэж орчуулсан байдаг. Найрсаг байдал бол хаа сайгүй ашиглаж болох түгээмэл хэл мөн. Кристиан Нестелл Бови гэх хүн "*Найрсаг байдал бол хэлгүй хүний ярьж чадах, дүлий хүний сонсож, ойлгож чадах хэл юм*" гэж хэлжээ.

Итгэлийн эцэг Абрахам өнгөрч явсан танихгүй гурван хүнийг эелдгээр угтан авч, чин сэтгэлээсээ дайлсан билээ (Эхлэл 18). Тэр тэднийг цөцгийн тос, сүү, тугалын махаар хүндэтгэлтэйгээр дайлсан. Гэтэл тэдний нэг нь Хүү Есүс байв. Эцэст нь Абрахам Бурхан болон Бурханы элч нарыг хүлээн авсан тул 100 настайдаа Исаак хэмээх хүүтэй болох амлалт, ерөөлийг хүлээн авсан юм. Бид хүмүүстэй харьцахдаа Их Эзэнтэй харьцаж байгаа мэт харьцах ёстой (Матай 10:40-42).

Энэ бол манай чуулганы нэгэн үйлчлэгчийн түүх. Түүний хүү 2011 онд маш ховор, эдгэршгүй өвчин туссан гэсэн онош тогтоолгосон бөгөөд өвчний нэр ч, эмчлэх арга нь тодорхой биш байв. Цаг хугацаа өнгөрөх тусам нөхцөл байдал улам л дордож байлаа. Тэгээд ээжийнхээ найз манай чуулганы үйлчлэгчийн зөвлөснөөр манай чуулганд явж эхэлсэн юм. Зургаан сар өдөр шөнөгүй залбирсны эцэст нэг өдөр Бурхан "*хүү чинь эдгэрнэ*" гэсэн баталгаа өгчээ. Тэр өдрөөс хойш хүүгийнх нь биеийн байдал мэдэгдэхүйц сайжирч, 2013 онд намайг гар тавьж залбирсны дараа бүрэн эдгэрсэн гэсэн онош тогтоолгосон. Тэрээр хүүгийнхээ өвчний улмаас туйлын цөхрөнгөө барсан үедээ Есүстэй уулзаж, хүүг нь эдгээсэн Бурханы ивээлийг мэдэрснээс хойш зүгээр суух аргагүй нэгэн болсон. Тиймээс өвчтэй, хүнд хэцүү хүмүүсийн төлөө амьдрахаар шийдэж, нийгмийн ажилтан болж, хөгжлийн бэрхшээлтэй, орон гэргүй хүмүүс болон залуучуудад үйлчилдэг болсон юм.

Тэгээд нэг өдөр хүнтэй уулзахаар өөрийн явдаггүй замаар явж байгаад ганцаараа сууж байгаа орон гэргүй хүн шиг харагдах хүнтэй таарчээ. Цагаан, зөөлөн арьстайг нь хараад бусад орон гэргүй хүнээс өөр нэгэн байна гэдгийг нь мэдэрсэн бөгөөд хөгжлийн бэрхшээлтэй хүн болохыг нь ойлгов. Хөгжлийн бэрхшээлтэй хүний зан чанарын онцлог нь танихгүй хүнээс их болгоомжилдог тул тэрээр өдөр бүр түүнтэй мэндэлж, харилцаа тогтоож, нэг сарын дотор хамт хооллох боломж олджээ. Тэгээд тэр өдөр түүнээс "*Хичнээн залбирсан ч ээж минь амьсгаа авахгүй, дахин сэргэхгүй байна. Ээж гэртээ тэр хэвээрээ байгаа*" гэх үгийг сонсоод яаралтай цагдаа нартай гэрт нь очиж, оршуулгын ажилд тусалжээ. Үйлчлэгч маань "*Бурхан надад орон гэргүй хүний дүртэй тэнгэрэлчээр дамжуулан, 'Чи очиж үз' гэж хэлсэн гэж би бодож байна*" гэж хэлсэн юм. Хөгжлийн бэрхшээлтэй тул ээжийгээ нас барсны дараа юу хийхээ мэдэхгүй байсан энэ гэр бүлд Бурхан үйлчлэгчийг маань ийн илгээсэн түүхтэй.

Бурхан биднийг ингэж үйлчлэлийн талбарт дуудаж, ерөөлийн суваг болгон ашиглахыг хүсдэг. Бид мэдэрсэн хайр, ерөөлөө илүү олон хүнд хүргэх ёстой. Бусдад хайр, сайхан сэтгэлээр хандвал энэ нь бумеранг шиг л бидэнд эргэж ирнэ.

Дайснаа ч хайраараа уяраа

Зөвхөн АНУ-д төдийгүй дэлхий даяараа хүндэлдэг хүмүүсийн нэг бол АНУ-ын Ерөнхийлөгч Абрахам Линкольн билээ. Хар арьстнуудыг чөлөөлөх үйлсийн гол дүр болсон түүнийг дүрийг Америкийн хамгийн жижиг мөнгөн тэмдэгт болох 1 центийн зоосон дээр сийлсэн байдаг. Түүнийг удаан хугацааны туршид зовоож, хов жив ярьдаг байсан Эдвин Стэнтон гэдэг хүн байжээ. Тэрээр "*Хүмүүс ээ, бид горилла харахын тулд Африк хүртэл явах шаардлагагүй. Иллинойс мужийн Спрингфилд хотод очвол жинхэнэ гориллаг харж чадна*" гэх мэт доромжилсон үг хэллэгээ зогсоодоггүй байсан. Линкольныг ерөнхийлөгч болсны дараа ч өнөөх бүдүүлэг үгсээ хэлэхээ больсонгүй. Өндөр, урт гартай Линкольныг хажуугаар нь өнгөрөхөд ард нь сонсогдохоор "*Урт гартай сармагчин явж байна*" гэж хэлэх юмуу, "*Түүнд тогтсон зарчим байхгүй, үйл хөдлөл нь тууштай биш. Түүний оюуны ойлголттой эсэхийг ч бид мэдэхгүй*" гэх мэтээр түүний улс төрийн чадварыг шүүмжилдэг байжээ.

Гэвч Линкольн огт хариулдаггүй байв. Ерөнхийлөгч болсныхоо дараа ч хуулийн арга хэмжээ авч шийтгэсэнгүй. Харин ч түүнийг батлан хамгаалахын сайдаар томилжээ. Линкольны зөвлөхүүд "*Эрхэм ээ, дайсан шиг таныг маш их зовоож байсан хүнийг яаж чухал албан тушаалд томилж чадаж байна аа? Бид ийм хүмүүсийг үгүй хийх хэрэгтэй*" гэж хэлжээ. Тэр үед Линкольн "*Би ч бас тэгж бодож байна. Дайсан бидний зүрх сэтгэлээс устгагдах ёстой. Гэхдээ энэ нь дайснаа алж, үгүй хийх ёстой гэсэн үг биш, харин тэднийг хайраар уярааж, найз нөхрөө болгох ёстой гэсэн үг. Есүс ч бас биднийг дайснаа хайрла гэж хэлсэн. Тэр одоо миний дайсан байхаа больсон. Дайсангүй болсон нь надад сайн, тийм чадвартай хүнээс тусламж авч чадах болсон нь бас сайн. Нэг чулуугаар хоёр туулай буудсан хэрэг биш үү?*" гэж хариулжээ.

Линкольны сонголт зөв байсан юм. Олон хүмүүс Стэнтоны гайхалтай ажиллах чадварыг нь магтсан байдаг. Тэрээр Линкольн алагдах үед хамгийн түрүүнд гүйж ирсэн юм. Тэр Линкольныг тэврээд уйлж, "*Энд дэлхийн хамгийн агуу хүн хэвтэж байна*" гэж хэлсэн гэдэг. Линкольн нүгэлтнүүдийг дуудаж, тэднийг зөвтгөөд зогсохгүй, тэднийг өөрийн хайртай хүүхдүүд гэж нэрлэдэг Бурханы хайрыг мэдэж, хэрэгжүүлсэн юм. Тиймээс ч тэрээр өөрийг нь шүүмжилж, үзэн ядаж байсан Стэнтонд хариу барих гэж оролдохын оронд түүнд боломж олгосон. Мөн түүнийг өөрийн хүн, найзаа болгож чаджээ.

Библид "*Бурхан та нарыг Христ дотор уучилсны адил бие биенээ уучлан, нэг нэгнээ энэрч, аядуу зөөлөн сэтгэлээр ханд*" гэж хэлсэн байдаг (Ефес 4:32). Гэм нүгэл, алдаа зөрчлөөр дүүрэн биднийг эхэлж хайрласан Бурханд, бидний төлөө загалмайд цовдлогдсон Есүст итгэдэг хүмүүс бусдыг уучилж, хайрладаг. Бид бол арван мянган талантын өрөө уучлуулсан хүмүүс. Бид насан туршдаа төлсөн ч барагдуулах боломжгүй нүглийн их өрийг уучлуулсан гэдгээ мэддэг тул 100 динар ч хүрэхгүй бусдын үзэн ядалт, хорсол, атаа жөтөө, алдаа дутагдлыг уучилдаг юм.

Бурхан туйлын цөхрөнгөө барсан биднийг дуудаж, бидэнтэй уулзсан. Бид туйлын эерэг Бурханаар дамжуулан туйлын эерэг итгэл найдвар дотор амьдрах болсон. Харанхуйгаас гэрэл рүү, үхлээс амь руу шилжих нь хичнээн агуу болохыг мэдэрсэн учир бид хэзээ ч энэ нигүүлслийг ганцаараа эдэлдэггүй. Эргэн тойрныхоо хүмүүст туйлын эерэг Бурханыг танилцуулахгүй байхын аргагүй болдог. Одоо бид Бурханы хайраар бусдыг урамшуулж, хөгжүүлж, эелдэг байж, уучилж, хайрлах ёстой. Өөрийнхөө нандин үнэ цэнийг мэддэг, өөртөө эерэг нэгэн бусдын үнэ цэнийг ч мэдэж, эерэг сайхан амьдрах болно.

Positivity Quotient Check List

Туйлын эерэг байдлаа шалгах хүснэгт ☑

Бусдад эерэг хандах хандлагын үзүүлэлт (PQ) хэд вэ?

Өгөгдлүүдийг уншаад тохирох нүдийг чагтална уу!

Хэмжих асуултууд	Огт тийм биш	Тийм биш	Ихэнхдээ	Тийм	Яг тийм
	1 оноо	2 оноо	3 оноо	4 оноо	5 оноо
1. Бусдыг харахдаа сул талыг нь харахаас илүү давуу талыг нь харахыг хичээдэг.					
2. Надаас өөр бодолтой хүмүүстэй ярилцах хэцүү биш.					
3. Хүнд нөхцөлд байгаа хүмүүст туслахдаа баяртай байдаг.					
4. Бусдын мэдрэмжид анхааралтай хандаж, үнэлдэг.					
5. Хүмүүстэй харилцахдаа инээмсэглэж, эелдэг байдлаа алддагтүй.					
6. Би уулзсан хүмүүсээ үнэлж, ерөөдөг.					
7. Бусдад төлөө бол алдагдал хүлээж чадна.					
8. Намайг буруугаар ойлгож, үзэн яддаг хүмүүст хүртэл эелдэг хандаж чадна.					
9. Би хүмүүсийг урамшуулж, магтдаг.					
10. Намайг гомдоож, зовоосон хүмүүсийг ч уучилж чаддаг.					

Асуулт бүрийн оноог нэмнэ.
Бусдад эерэг хандах хандлагын
үзүүлэлтийн нийлбэр (_____ оноо)

“Та нар юу ч хийсэн, хүмүүсийн төлөө бус,
Эзэний төлөө чин зүрхнээсээ хийгтүн”

Колоссай 3:23

Бүлэг 05

Таван төрлийн эерэг байдал (3): Ажил, үйлчлэлдээ эерэг хандах нь

Туйлын Эерэг
Байхын Гайхамшиг

Таван төрлийн эерэг байдал (3): Ажил, үйлчлэлдээ эерэг хандах нь

> "Амьдралыг харах хоёр арга бий. Нэг нь ерөөсөө гайхамшиг үгүй гэж бодох, нөгөө нь бүх зүйлийг гайхамшиг гэж бодох"
>
> **- Альберт Эйнштейн**

Миний сүнслэг зөвлөгч Ён Ги Чой пастор маань өөрийн шавь нартаа *"Үйлчлэлээ баяртайгаар хий"* гэж байнга хэлдэг байв. Цаг хугацаа өнгөрөх тусам би эдгээр үгсийн гүн утгыг ойлгож эхэлсэн. Пастор бидэнд өөрийн хийж буй үйлчлэлийн талаарх үүрэг хариуцлагаа ухамсарлаж, баяртайгаар хий гэсэн утгаар хэлсэн ажээ.

Энэ хорвоогийн хүн бүр ажил хийж, амьдралаа залгуулдаг. Ажлаар дамжуулан бид Бурханы дуудлагыг олж мэддэг тул үүгээрээ бахархах ёстой. Тиймээс ажилдаа эерэг хандлагатай байх нь бас чухал юм. Бурхан сөрөг хүмүүсээр дамжуулан ажилладаггүй. Үнэмлэхүй эерэг хандлагатай хүмүүсээр дамжуулан Бурхан агуу зүйлийг үйлдэж, дуудлагаа биелүүлэхэд тусалдаг.

Хараагүй болсон маань хөгжлийн бэрхшээл биш, харин Бурханд хэрэглэгдэх зэвсэг болсон

Кан Ён У доктор маань *"Сайн байна уу И Ён Хун пастораа, би Кан Ён У байна. Солонгост ирчихлээ"* гээд Солонгос ирэх болгондоо над руу залгадаг байлаа. Хэдийгээр тэр одоо диваажинд очсон ч түүний дуу хоолой одоо ч гэсэн надад тод сонсогдох мэт. Тэрээр 13 настайдаа аавыгаа алдаж, 14 настайдаа хараагүй болсон юм. Хүүгээ хараагүй болсон тухай мэдээг сонсоод цочирдсон ээж нь удалгүй хорвоог орхиж, том эгч нь ч мөн адил хэт их ажлын улмаас ядаргаанд орж хорвоог орхижээ. Үлдсэн ах дүү гурав тал тал тийш тарж, амьдрал найдваргүй мэт болсон байв. Гэсэн хэдий ч найдваргүй нөхцөл байдалд ч гэсэн Бурханд бат итгэсэн Кан Ён У хүү Бурханы түүнд өгсөн үнэмлэхүй итгэл найдвараар бүх бэрхшээлийг даван туулсан. Тэрээр "*Хараагүй болсон маань хөгжлийн бэрхшээл биш харин Бурханд хэрэглэгдэх зэвсэг болсон*" гэж өчсөн билээ.

Кан Ён Ү доктор маань Йонсей их сургуулийг төгсөж, АНУ-н Питтсбургийн их сургуульд боловсролын чиглэлээр докторын зэргээ хамгаалж, 2001 онд АНУ-ын Төрийн албаны "Хөгжлийн бэрхшээлтэй иргэдийн үндэсний хороо"-ны бодлогын хэлтсийн дэд даргаар томилогдож, АНУ-д хөгжлийн бэрхшээлтэй иргэдийн бодлогыг удирдаж байсан түүхтэй. Тэрээр хорт хавдрын эцсийн шат гэсэн онош авсан ч дургүйцэж, гомдоллохын оронд "*Бурхан надад төгсгөлдөө бэлдэх цагийг өгсөнд талархаж байна*" гэсэн талархлын захидал илгээж байлаа. Кан Ён Ү доктор бол үргэлж туйлын эерэг, туйлын талархалтай амьдралаар амьдарсан нэгэн. Тэрээр хорвоо ертөнцийг сөрөг бус эерэг нүдээр харж, бүх ажилдаа хариуцлагатай ханддаг байсан.

Хүнд дөрвөн чухал уулзалт бий гэдэг. Үүнийг 4М гэж илэрхийлдэг бөгөөд эдгээр нь "амьдралын Эзэн болох Бурхан,"(Master) "амьдралын хань,"(Mate) "жинхэнэ багш,"(Mentor) "дуудлага."(Mission) Бурхантай уулзах нь эдгээр 4М-г төгс бүрэн болгох үндэс суурь болой. Учир нь бид туйлын эерэг Бурхантай уулзах үедээ амьдралынхаа эрхэм зорилго болох дуудлагаа олж илрүүлдэг.

Мосе Израилийг Египетээс гаргах, Нехемиа Иерусалимын нурсан хэрмийг сэргээх дуудлагатай байсан. Баптисч Иохан хүмүүсийг гэмшилд хөтөлж, Христийн ирэлтэд бэлтгэх дуудлагатай байсан бол элч Паул харь үндэстнүүдэд сайнмэдээг хүргэх дуудлагатай байв. Эзэн Есүс мөн *"Би тэднийг амьтай, бялхсан амьтай байлгахын тулд ирсэн билээ"* гэжээ зорилгоо хэлсэн байдаг (Иохан 10:10). Тиймээс Тэр загалмайн зовлон, үхлийг тэвчиж, хүн төрөлхтнийг аврах дуудлагаа биелүүлсэн.

Энэ дэлхий дээр асуудалгүй, өвдөлтгүй хүн гэж үгүй. Гэсэн хэдий ч амьдралынхаа эрхэм дуудлагаа тодорхой ухамсарласан хүмүүс өөрт тохиолдох аливаа бэрхшээл, зовлонг амархан даван туулдаг. Учир нь бид дуудлагынхаа төлөөх аливаа зовлон шаналал, сорвио диваажинд од болгон гялалзуулж, Бурханы төлөө урсгасан нулимс минь диваажинд очир алмаз болдог гэдгийг ч мэддэг. Хамгийн гол нь бид ямар үүрэг гүйцэтгэгчээр дуудагдаж, ямар амьдралаар амьдарч байгаагаасаа үл хамааран Бурханыг хүндэлж, мөргөх үүргээ хэзээ ч мартаж болохгүй.

Бурхан доторх бүх зүйл ариун

Зарим хүмүүс дэлхийн ажил, Бурханы ажил хоёр тусдаа гэж боддог. Жишээлбэл зарим хүмүүс пасторууд Бурханы төлөө, итгэгчид дэлхийн төлөө ажилладаг гэж боддог. Зарим нь залбирал, үйлчлэл нь ариун, харин сурч, ажиллах нь ариун биш гэж хэлдэг.

Чуулганыг шинэчлэгч Мартин Лютер "*аливаа ажил мэргэжил бол Бурханаас өгсөн дуудлага*" гэж хэлсэн юм. Лютер хэлэхдээ "*боол эмэгтэй ч эзнийхээ тушаал, үүргийн дагуу жүчээнийхээ хомоол цэвэрлэж байгаа бол тэр нь үнэхээр тэнгэрт хүрэх шулуун замыг олсон байна.Үүний эсрэгээр өөрийн ажил үүрэг, юу хийхээ ойлгож ухамсарлахгүйгээр чуулган руу алхаагаа чиглүүлдэг явдаг хүмүүс диваажин биш там руу явж байж ч болох юм.*"

Бурхан ажилласаар байна (Иохан 5:17). Тэр биднээр дамжуулан дэлхийг захирдаг. Тиймээс христитгэгчдийн хувьд ажил, ажил мэргэжлийн зорилго нь зөвхөн амьдралаа залгуулах, өөрийгөө таниулах зэргээр хязгаарлагдахгүй. Бид хийж буй ажлаараа Бурханд үйлчилж, хөршүүдээ хайрладаг юм. Энэ утгаараа бидний ажлын эцсийн зорилго нь дэлхий дээрх нэр хүнд, байр суурь, орлого биш, харин Бурханыг хайрлаж, хөршүүдээ хайрлах явдал байх ёстой.

А.У.Тозер хэлэхдээ "*Хэрэв та цэвэр зүрх сэтгэлээр дэлхийн ажилд үнэнч байвал энэ нь дэлхийн зүйл байхаа больж, Бурханд зориулсан амьдралын чинь нэг хэсэг болно*" гэжээ. Бурхан бидний хүн нэг бүрт өөр өөр авьяас, үүрэг даалгавар өгсөн. Үүгээрээ бид Бурханыг хайрлаж, хөршүүдээ хайрладаг. Тиймд Бурханы бидэнд даатгасан газар чадах бүхнээ хийх ёстой.

Энэ нь оюутан, оффисын ажилтан, эмнэлгийн мэргэжилтэн, пастор, гэрийн эзэгтэй, хөгжимчин, улс төрч гэх мэт бүх хүнд хамаатай. Хүн бүр бие биедээ эелдэг хандахаас гадна бүх зүйлд үнэнч байх ёстой.

Ажлаараа бахархах сэтгэлтэй бай

Сэтгэл судлаачид аливаа хийж буй зүйлийнхээ бүтээмж, үр ашгийг нэмэгдүүлэх хамгийн сайн сэтгэлгээ бол 'бахархах сэтгэл' гэж хэлдэг. 'Ажлаараа бахархах' гэдэг нь ажил мэргэжлийхээ талаарх дуудлагаа ухамсарлах, ажлаараа бахархахыг хэлдэг. Адилхан ажил ч яаж бодож байгаагаас шалтгаалж түүнд хандах хандлага маань өөрчлөгддөг.

Английн нэрт жүжгийн зохиолч Виллиам Шекспир нэгэн зоогийн газарт үдийн цайгаа ууж байтал олон хүн түүнтэй эелдгээр мэндэлсэн гэдэг. Гэтэл энэ байдлыг харсан цэвэрлэгч шүүрдэж байсан шүүрээ доош шидээд санаа алджээ. Учир нь тэрээр олон хүний хүндэлж, хайрладаг Шекспирыг хоолны мөнгөө олох гэж хашаа шүүрдэж байгаа өөртэйгөө харьцуулахад өрөвдмөөр санагдсан байна. Шекспир жижүүрээс учрыг нь асуухад тэрээр өөрийн бодлоо хуваалцжээ. Гэтэл Шекспир "*Залуу минь, бүү халагла. Миний ажил бол орчлон ертөнцийн нэг хэсгийг үзгээр сайхан дүрслэх бол харин чи шүүрээрээ Бурханы бүтээсэн орчлонгийн нэг хэсгийг үзэсгэлэнтэй болгон арчлах үүргийг гүйцэтгэж байгаа юм. Хэрвээ чи энэхүү дуудлагаа биелүүлэхгүй бол Бурханы бүтээсэн дэлхийн нэг хэсэг бохирдох биш үү*" гэжээ. Цэвэрлэгч өөрийнх нь ажил хүлээн зөвшөөрөгдөх агшинд ажлаараа бахархах сэтгэл нь дахин сэргэж, эрч хүчтэйгээр цэвэрлэгээгээ хийж эхэлсэн байна.

Хэрэв бидэнд "хаадын Хаан болох Бурханы хүүхдүүд" гэсэн сүнслэг бахархал байгаа бол энэхүү бахархах сэтгэлээрээ ямар ч зүйлд ч үнэ цэнэ өгч ажиллаж чадна. Хэдийгээр энэ нь өдөр бүр давтагддаг ажил байсан ч

Бурханд залбиран түүний утга учрыг олох боломжтой.

Биеийн хүчний бэлтгэл хийхдээ нэг хөдөлгөөнийг дахин дахин давтах нь авхаалж самбаа, уян хатан байдлыг бий болгодог. Хэрэв та тамирчин бол авхаалж самбаатай байж, уян хатан хөдөлснөөр сайн үр дүнд хүрч чадна. Нэг хөдөлгөөнийг дахин дахин давтах нь уйтгартай бөгөөд маш их цаг хугацаа, тэсвэр тэвчээр шаарддаг боловч ийм дасгалжуулалтаар олж авсан үр дүн нь маш их ашиг тустай учир зайлшгүй шаардлагатай байдаг.

Бидний хийдэг зүйл ч мөн адил. Бид компани эсвэл ажлын байранд ажиллахдаа ижил төстэй эсвэл адилхан ажлыг олон удаа давтаж болно. Энэ үед та жижиг зүйл гэж гомдоллож болохгүй. Та үүргээ ухамсарлаж, эерэг, баяр хөөртэй сэтгэлээр ажиллах ёстой. Тэгэх үед бид сүнслэг булчингаа хөгжүүлж, ажлынхаа сэтгэл ханамж, амжилтыг нэмэгдүүлэх боломжтой болно.

Элч Паул Колоссай хотын христитгэгчдэд бичсэн захидалдаа *"Та нар юу ч хийсэн, хүмүүсийн төлөө бус, Эзэний төлөө чин зүрхнээсээ хийгтүн"* гэж хэлсэн билээ (Колоссай 3:23). Тэр үед анхны чуулганы Христэд итгэгчдийн дунд харь үндэстэн эзэддээ ажилладаг боол, зарц нар олон байжээ. Эдгээр хүмүүст юу ч хийсэн Их Эзэнд үйлчлэх зүрх сэтгэлээрээ хийхийг зөвлөсөн юм. Ингэж сүнслэг дуудлага, бахархах сэтгэлтэйгээр ажиллах үед Бурханы шагнал байдаг гэдгийг санах ёстой.

Хүсэл тэмүүллийн магмаагаа хайлуулцгаая

Та юу ч хийсэн хүсэл тэмүүлэлтэй байх ёстой. "Женерал Электрик" компаний УЗ-ийн дарга асан Жек Уэлч нь төмөр замын ажилчны хүү болон төрж, коллежид химийн чиглэлээр суралцсан нэгэн. Сургуулиа төгссөний дараа тэрээр компанидаа ажилд орж, 45 настайдаа компанийхаа түүхэн дэх хамгийн залуу дарга болсон юм. Тэрээр 20 жил даргаар ажиллахдаа ардаа олон түүхийг үлдээсэн. Түүнийг ажиллаж байх хугацаанд тус компаний хувьцааны үнэ 40 дахин өссөн бөгөөд түүний удирдсан менежментийн янз бүрийн шинэчлэлүүд нь XX зууны менежментийг дахин шинээр бичсэн гэж үздэг. Түүнийг тэтгэвэрт гарахад нэгэн сурвалжлагч түүнээс *"Хэрвээ та удирдагчийн хамгийн сайн чанарыг сонго гэвэл юуг сонгох байсан бэ?"* гэж асуужээ. Энэ асуултад Жек Уэлч эргэлзэлгүйгээр *"Хүсэл тэмүүлэл!"* гэж хариулсан байна.

Эзэн Есүс ч мөн хүсэл тэмүүлэлтэй байхын жишээг биечлэн харуулсан. *"Эцэг минь одоо болтол ажилласаар байна. Би ч ажиллаж байна гэж айлдав"* гэж Тэр айлдсан (Иохан 5:17) Цаашилбал *"Намайг Илгээгчийн үйлсийг Би өдөр байхад хийх ёстой"* хэмээн үүрийн болон шөнийн залбирал, мацаг барих залбирлуудыг хийж, эдгээх, дагалдагч бэлтгэх, сайнмэдээг түгээх үйлчлэлээ шаргуу гүйцэлдүүлсэн билээ (Иохан 9:4). Мөн Эзэн Есүс үргэлж Ариун Сүнсээр дүүрэн байсан бөгөөд Ариун Сүнсний галыг газар дээр хаяхаар ирсэн (Лук 12:49). Тэрээр загалмайг үүрэхээр Иерусалим руу явах мөчид ч Өөрийн үүргээ гүйцээсэн ба загалмай дээр ч залбирал, уучлалын үйлчлэлээ гүйцэлдүүлсэн.

Хүсэл тэмүүлэл бол амжилттай хүмүүсийн ДНК. "Номлогчийн үгс"-ийн зохиолч мөн *"Гар чинь юуг хийхээр тэмүүлнэ, түүнийг бүхий л чадлаараа хийгтүн. Учир нь чиний очих Үхэгсдийн оронд мэргэн ухаан, ажил үйлс, бодох сэтгэх гэдэг нь байхгүй"* хэмээн бичсэн ажээ (Номлогчийн үгс 9:10).

Элч Паул мөн хүсэл тэмүүлэлтэй үйлчлэгчийн төлөөлөл мөн. Тэр Эзэн Есүсээс арав орчим насаар ах байсан. "Паул, Текла нарын үйлс" номд Паулын дүр төрхийг дүрсэлсэн байдаг. Паул намхан, халзан, майга хөлтэй, хоёр талдаа ойр хөмсөгтэй, нахиу хамартай байсан гэдэг. Гэсэн ч түүний төрх байдал нь эрхэмсэг, царай нь нигүүлслээр дүүрэн байсан юм. Элч Паул Эзэн Есүст хайртай байсан ба харь үндэстнүүдэд сайнмэдээг тунхаглах халуун хүсэл байсан. Тэрээр анх Антиох чуулганаас илгээгдэхдээ 41 настай байсан бол амиа алдахдаа 62 настай байв. Паул 21 жилийн турш Бурханы сайнмэдээний төлөөх дуудлагаа халуун хүсэл тэмүүллээр биелүүлсэн гэж хэлж болно. Элч Паул дээр ажиллаж байсан Ариун Сүнсний галаар дамжуулан тэрээр хаана ч явсан хүйтэн, цэвдэг хүмүүсийн зүрх сэтгэлд Ариун Сүнсний галыг асааж байв.

Методист урсгалыг үндэслэгч Жон Вэслиу ч мөн адил Англи улс аюулд орсон байх үед *"Сүнсэндээ Бурханы галыг асаа"* гэж хашгирч байсан. Ариун Сүнсний гал бидний зүрх сэтгэлд дүрэлзэх ёстой. Тэгэж байж хийж буй зүйлээ хүсэл тэмүүлэлтэйгээр хийж чадна. Чуулган ч мөн адил. Ариун Сүнсний гал асах ёстой. Тэгэж хэмээнэ бид бүлээн биш харин халуун итгэлийн амьдралаар амьдарна. Сайнмэдээг түгээх болон илгээлтийн талаарх дуудлагаа эрч хүчтэйгээр биелүүлэх болно.

Дуудлага авсан хүн хүсэл тэмүүлэлтэй байх ёстой.

Юу ч хийхгүйгээр хүссэн зүйлдээ хүрч чадахгүй. Хэн нэгэн таны төлөө ямар нэгэн зүйл хийхийг хүсэж бусдад найдах нь дуудагдсан хүнд тохирох хандлага биш. Зам хүсэл тэмүүллийг бий болгохгүй. Харин хүсэл эрмэлзэл байвал зам нээгдэх болно. Англи хэлний “enthuziasm” гэдэг үг нь “Бурхан дотор” гэсэн утгыг агуулж байдаг. Бид өдөр бүр Бурханы хүсэл тэмүүллийн эрч хүчээр цэнэглэгдэх ёстой. *“Бурхан минь, над дээр хүсэл тэмүүллээ асаагаад өгөөч!”* гэж залбирцгаая!

Өдөр бүртээ итгэмжит байхын ач холбогдол

Ажил, үйлчлэлдээ эерэг ханддаг хүмүүс үнэнч байдаг. Одоо цаг бол Бурханы нигүүлслийн бэлэг юм. Өнөөдөртөө талархаж, өдөр бүр үнэнч амьдрах нь чухал. Миллегийн алдартай зургуудын нэг болох “Үдийн хонх”-ны анхны нэр нь ‘Анжелус’ юм. Энэ үг нь ‘*өглөө, үд, үдээс хойш гурван удаа хонх дугарах бүрт өргөдөг залбирал*’ гэсэн утгатай. Хэрэв та тэр зургийг харвал тариачин хүн сүмийн хонхны дуунд ажлаа зогсоож, хүндэтгэлтэйгээр залбирч байгааг харж болно. Хэрэв та энэ зургийг анхааралтай ажиглавал маш чухал зүйлийг ойлгох болно. Тэр бол тариачны толгой эсвэл сүмийн хонхны цамхаг дээр нарны туяа тусаагүй байгаа явдал. Харин нарны туяа нь фермийн тоног төхөөрөмжид туссан байдаг. Энэ нь зураач Миллетийн гүн гүнзгий ухааныг илэрхийлдэг. Миллет энэ зургаараа дамжуулан "хөдөлмөрийн ариун байдлыг" илэрхийлэхийг хүсжээ. Тийм учраас нарны хурц туяа тариалангийн тоног төхөөрөмж дээр туссан байх нь.

Хөдөлмөр бол ариун зүйл. Энэ хорвоогийн хамгийн аз жаргалтай хүн бол баяртайгаар шаргуу хөдөлмөрлөдөг хүн байдаг. Тиймээс элч Паул Тесалоник чуулганы итгэгчдэд хүчтэйгээр ийн зөвлөсөн. "*Бидний тушаасанчлан, төвшин амьдрахыг хичээж, өөрийн ажилдаа анхаарч, өөрийн гараар ажиллахыг эрхэмлэ*" (1Тесалоник 4:11). Бид өдөр бүр хөлсөө урсгаж, ажилдаа итгэмжит байх ёстой. Хэрэв бид үнэнч амьдрахгүй бол тэнгэрлэг ивээл, хүч чадлыг хүртэж чадахгүй. Библид залхуу хүн үнэнч байхыг шоргоолжноос сурах ёстой гэж хэлдэг.

"Яв, шоргоолж юу хийдгийг хар, ухаан суу, залхуу минь. Ямар ч ахлагч, харгалзагч, захирагч тэдэнд үгүй атал зунаар тэжээлээ бэлдэж, ургацаар хүнсээ цуглуулдаг" Сургаалт үгс 6:6-8

Энэ ертөнцийн хамгийн чухал цаг мөч бол одоо бөгөөд бид Их Эзэнийхээ итгэмжит байдлыг хоол хүнсээ болгох хэрэгтэй (Дуулал 37:3). Эзэн итгэмжит байдгийн адил бид ч бас итгэмжит байх ёстой. Энэ дэлхийд үнэгүй зүйл гэж байдаггүй бөгөөд амьдралд тарьсан зүйлээ л хурааж авна.

Английн яруу найрагч Жозеф Киплинг "*Эх орныхоо төлөө зүтгэх нь онцгой зүйл биш, нүдэнд харагдах багажаа шүүрэн авч, жижиг ажилд ч чин сэтгэлээсээ хандах юм*" гэж хэлсэн байдаг. "Суусан газраасаа босоход бохирддог" гэдэг зүйр үг бий. Загас голынхоо усанд сэлэхдээ үзэсгэлэнтэй харагддаг. Гэхдээ тэр загас бидний орон дээр байвал бохир санагдана. Учир нь загас нь тохиромжгүй газар байгаа учраас тэр. Тариан талбайд хэрэгтэй шороо шалан дээр байгаа бол цэвэрлэх шаардлагатай бохир зүйл болно. Хүн бүр гэр, ажил, чуулган гэх мэт амьдралын салбарт тодорхой байр суурь эзэлдэг. Бид даалгагдсан байр суурьндаа үнэнчээр ажиллах үед илүү үзэсгэлэнтэй, үнэ цэнтэй нэгэн болдог.

Ах нарынхаа хууран мэхлэлт, урвалтын улмаас Потифарын боол болж худалдагдсан Иосеф хожим

Потифарын эхнэрийн гүтгэлгээс болж хилсээр шоронд хоригддог. Гэвч Иосеф ямар ч орчинд байсан нэг л сэтгэл хандлагаар үйлчилсэн. "*Иосеф, эзнийхээ нүдэнд тааллыг олж, түүнд үйлчилсэнд*" (Эхлэл 39:4), "*Хамгаалагчдын захирагч Иосефыг тэдэн дээр нэмж оруулсанд Иосеф тэдэнд үйлчилжээ*" (Эхлэл 40:4) Энд "үйлчлэх" гэдэг үг дахин дахин давтагддаг. Иосеф хаана ч, хэзээ ч ажлаа үйлчлэл болгосон. Еврей хэлээр "үйлчлэл" буюу *абад* гэдэг үгийг "хүн ажилдаа чин сэтгэлээсээ хандах" ба "Бурханд мөргөх амьдрал" гэсэн утгаар хослуулан хэрэглэдэг. Иосеф ямар ч асуудал, орчин нөхцөл дунд Бурханд үнэнчээр мөргөж, өөрт даалгагдсан ажлыг үнэнчээр биелүүлсэн юм. Өдөр тутмын үнэнч байдал нь тэр хүний итгэмжит байдлыг харуулах толь болдог.

Үхэх хүртлээ дуудагдсан Бурханы ажилчин

Бид үхэх хүртлээ, бүх мөчид дуудлагаа биелүүлэн амьдардаг. Үүнийг санахдаа нас ахилаа гээд дуудлагаа орхиж, залхуурах ёсгүй. Библи дэх итгэлийн хүмүүст өндөр настайдаа ашиглагдаж байсан хүн бишгүй бий. Абрахам 75 настайдаа дуудагдаж, 90 настайдаа Канаанд орсон бол 100 настайд нь хүү Исаак нь төржээ. Мосе 80 настайдаа Египетээс гарах дуудлагыг хүлээн авч, израильчуудыг Канаан руу дагуулсан. Калеб 85 настай байхдаа Хеброн уулыг байлдан дагуулсан. Калеб 85 настайдаа ч бие бялдрын хувьд хүчирхэг, оюун санааны хувьд хөгширөөгүй байв. Учир нь тэр Бурханы амлалтын үгийг тээн тэвчээртэйгээр хүлээсэн юм (Иошуа 14:9). Тэрээр 40 настайдаа Канаан нутгийг танадаж, 45 жилийн турш Бурханы амлалтыг тэсэн ядан хүлээсэн.

> “Харин одоо, харагтун! Израильчуудыг цөл газарт явж байхад ЭЗЭН энэ үгийг Моседхэлсэн тэр үеэс хойш ЭЗЭН амласныхаа дагуу дөчин таван жилийн турш намайг амьд байлгав. Иймхүү өнөөдөр би наян таван нас хүрлээ. Мосе намайг илгээсэн тэр өдрийнх шиг би одоо ч хүчтэй хэвээрээ байна. Би яг л тэр үеийнх шигээ тулалдах, гарч орох хүч тэнхээтэй байна” Иошуа 14:10-11

Калеб Бурханы мөрөөдлийг харсан тул бие махбодын болон сүнслэг байдлын хувьд хүчтэй байсан. Тэрээр өөрийн удирдагч Иошуагаас Хеброн уул руу довтлон эзлэх зөвшөөрөл авсан. Хэдийгээр залуу байсан ч Бурханы дуудлага, мөрөөдөлгүй хүмүүс оюун санааны хувьд хөгширч, сүнслэг байдлын хувьд сул дорой болдог. Харин нас ахисан ч Бурханы амлалтын үг, дуудлагаас зуурагчид нь оюун санааны хувьд эрүүл байж, цуцалгүй, сүнслэг өсөлтөд хүрч чадна.

Есүсийн дагалдагчдын ихэнх нь залуудаа нас барсан бол ганцхан элч Иохан 90 гаруй насалж, Эгийн тэнгис дэх Патм арал руу цөлөгджээ. Христитгэл Ромын эзэн хааны хавчлагад өртөж байх үед амилсан Эзэн Есүс Иоханд үзэгдэж, түүнд эцсийн дуудлагаа өгсөн.

> "Эзэний өдөр би Сүнс дотор байсан бөгөөд ард маань бүрээнийх мэт чанга дуу сонсогдож, - Чи юу харснаа номд бичиж Ефес, Смирна, Пергам, Туатейр, Сардей, Филаделфи, Лаодикт буй долоон чуулганд илгээ гэв"
> Илчлэл 1:10-11

Эзэн эцсийн цаг үеийн Бурханы илчлэлт болох "Илчлэл" номыг бичих ариун дуудлагын төлөө Иоханыг тэр болтол амьд байлгасан байх нь. Бурханы дуудлага дуусаагүй хүн үхэж чадахгүй. Бид бүгдээрээ энэ ертөнцөд дуудлагатайгаар илгээгдсэн. Бид нөхцөл байдал, насны шалтаг тоочилгүй, дуудлагаа биелүүлэх хүртлээ чадах бүхнээ хийх ёстой.

XVIII зуунд Америкт анхны агуу сэрэлтийг эхлүүлсэн Жорж Вайтфилд нь тоо томшгүй олон хүнийг өөрчилсөн хүчирхэг, хүсэл тэмүүлэлтэй номлогч байсан юм. Үүрэг хариуцлагаа ухамсарлаж, үйлчлэх хүсэл тэмүүллээсээ болоод үүрийн 1 цаг хүртэл номлох үе ч түүнд байжээ. Шавь нар нь "*Пастораа, та маш завгүй үйлчлэх юм. Одоо жаахан амрангаа үйлчил*" гэж хэлэхэд "*Би зэвэрснээс элэгдлийг илүүд үздэг*" хэмээн хариулсан гэдэг. Тэрээр нас барах хүртлээ Бурханы дуудлагад өөрийгөө зориулсан пастор байсан юм. Үүний нэгэн адил Эзэн биднийг дуудах хүртэл сүнслэг байдлын хувьд зэврэхгүй, сүнслэг байдлын эрч хүчээ хадгалах хэрэгтэй.

Солонгосын Ким Иг Дү пастор диваажинд очих хүртлээ сайнмэдээг чин сэтгэлээсээ тунхаглаж, эдгээх ажил хийсэн. Багадаа ядуу, ар гэр нь хэцүү байсан тул төрийн албаны шалгалт өгөх талаар мөрөөдөж ч үзээгүй байна. Арван долоон настайдаа бизнес эрхэлж эхэлсэн ч удаа дараа бүтэлгүйтснээс болж шантарч, өөрийнхөө шархалсан сэтгэлийг архиар даван туулах гэж хичээжээ. Тэрээр ойр орчмынхоо алдартай зодоончийг ч нэг цохилтоор буулгаж авах хүчтэй нэгэн байв. Ингэж цаг хугацааг өнгөрүүлж байгаад санамсаргүйгээр илгээлтийн эзэн Свален, Су Ан Рёноор удирдуулсан чуулганд оролцож, Эзэн Есүсийг хүлээн авсан бөгөөд 27 настайдаа баптисм хүртэж, сайнмэдээг түгээж эхэлжээ. Хванхэ аймагт түүнийг сайн зодоонч гэдгээр нь мэддэг байсан ч Есүст итгэж, сайнмэдээг гэрчилснийхээ дараа хүмүүсээр шоолуулж, чулуугаар шидүүлж, цусаа урсгаж явсан удаа ч бий. Гэсэн хэдий ч пастор сайнмэдээг гэрчлэх дуудлагаа орхиогүй юм.

Тэрээр 1906 онд Пёньяны теологийн сургуульд элсэн орсон цагаасаа амьдралынхаа эцсийн мөч хүртэл "Шинчон" чуулганы индэр дээр байж, насан туршдаа ганц чуулганд үйлчилжээ. Тэрээр 1919 оны 10-р сард нэг чуулганд урилгаар очин номлосныхоо дараа тухайн чуулганы хамтрагч пастортайгаа Марк 16:17-18 дэх "*Итгэгчдэд дагалдах тэмдгүүд нь: Миний нэрээр тэд чөтгөрүүдийг зайлуулж, шинэ хэлээр ярих болно. Тэд могойг барина. Бас үхүүлэх ямар ч юм тэд уусан, тэр нь тэдэнд хор болохгүй. Өвчтөнд тэд гар тавивал эдгэнэ гэж айлдлаа*" гэсэн үгээр мэтгэлцсэн байна. Тэгээд тэр үгийн дагуу надад ч ийм сүнслэг чадварыг өгөөч гэж Бурханд чин сэтгэлээсээ залбирсан байна.

Гэтэл нэгэн өдөр 10 жил доод эрүү нь сугарч, янз

бүрийн арга хэрэглэсэн ч эмчлэх боломжгүй байсан итгэгчийг хайрлах сэтгэл гал мэт түүнд төржээ. Пастор Ким Иг Дү гурван өдрийн турш мацаг барин залбираад тэр итгэгчийн төлөө *"Итгэж байгаа тул энэ хүүгийн сугарсан эрүүг эдгээж өгөөч"* гэж залбиртал түүний эрүү нь хэвийн байдалдаа орсон гайхамшиг болжээ. Тэр цагаас хойш бөгтөр нуруутай, уяман өвчтэй, уушгины өвчтэй, цус алдалттай гэх мэт 10,000 орчим өвчтэй хүмүүс пастор Ким Иг Дүгийн чуулган дээр Есүсийн нэрээр эдгэрсэн байна.

Пастор Ким Иг Дү 6-р сарын 25-ны дайн болсон 1950 оны 10-р сарын 14-ний өглөө эрт пастор "Шинчон" чуулгандаа өглөөний мөргөл үйлдэж байв. Тэр үед коммунистууд орж ирээд өглөөний залбирал хийж байсан пастор руу тасралтгүй буудсан тул газар дээрээ нас баржээ. Пастор Ким Иг Дү диваажинд очих хүртлээ сайнмэдээг гэрчлэх дуудлагынхаа төлөө халуун сэтгэлээр үйлчилсэн. Бид ч мөн өмнөх үеийнхээ итгэлийн хүмүүсээс үлгэр жишээ авч, Бурханы өмнө очих хүртлээ үүрэг хариуцлагаа ухамсарлан, даатгасан ажилдаа итгэмжит байх ёстой.

Бурхан хүн бүрт ажил, үйлчлэл, дуудлага өгсөн гэдгийг санаж, өөрийгөө эергээр харж, эерэг хандлагатай ажиллах ёстой. Өдөр бүрт итгэмжит, хүсэл тэмүүлэлтэй, хөгжилтэй, утга учиртайгаар ажиллах хэрэгтэй. Даалгасан ажилд үнэнч байгаа хүмүүст гарцаагүй Бурханы шагнал өгөгдөнө.

> "Харагтун, Би удахгүй ирнэ. Хүн бүрт үйлдсэнийх нь дагуу буцаан төлөх шагнал минь Надтай хамт байгаа. Альфа ба Омега, Эхэн ба Эцэс, Эхлэл ба Төгсгөл нь Би байгаа юм" Илчлэл 22:12-13

Та бүхэн Бурханы дуудлагад өөрийгөө зориулснаар амжилттай, аз жаргалтай амьдарч чадна гэдэгт найдаж байна.

Positivity Quotient Check List

Туйлын эерэг байдлаа шалгах хүснэгт ☑

Таны ажил, үйчлэлдээ эерэг хандах хандлагын үзүүлэлт (PQ) хэд вэ?

Өгөгдлүүдийг уншаад тохирох нүдийг чагтална уу!

Хэмжих асуултууд	Огт тийм биш	Тийм биш	Ихэнхдээ	Тийм	Яг тийм
	1 оноо	2 оноо	3 оноо	4 оноо	5 оноо
1. Би хийж байгаа зүйлээсээ таашаал авч байна.					
2. Би хийж байгаа ажлаа Бурханы дуудлага гэж боддог.					
3. Хэцүү зүйлтэй тулгарах үед бууж өгөхийн оронд сорилтыг даван туулах хүсэл төрдөг.					
4. Ажил хийж байх үед шинэ санаанууд төрөх тохиолдол бий.					
5. Ажил хийхээсээ өмнө болон ажиллаж байхдаа Бурханд залбирдаг.					
6. Ажиллаж байхдаа эргэн тойрныхоо хүмүүст анхаарч, элдэг ханддаг.					
7. Ажил хийхдээ хүсэл тэмүүлэлтэй хийдэг.					
8. Хаана байсан өөрт даалгагдсан жижиг зүйлд бүх хүчээ дайчилдаг.					
9. Нас ахилаа гээд хийх ажил байхгүй, дуудлага дууссан гэж боддогтүй.					
10. Илүү сайн ажиллахын тулд биеийн хүч чадлаа бас анхаарч үздэг.					

Асуулт бүрийн оноог нэмнэ.
Ажил, үйлчлэлдээ эерэг хандах хандлагын үзүүлэлтийн нийлбэр (_____ оноо)

“Зөвхөн ЭЗЭНий эсрэг л бүү тэрсэл.
Тэр нутгийн ард олноос бүү ай.
Тэд бидний хоол болно.
Хамгаалалт нь тэднээс
зайлуулагдсан бөгөөд
ЭЗЭН бидэнтэй хамт байна.
Тэднээс бүү айгтун гэлээ”

Тооллого 14:9

Бүлэг 06

Таван төрлийн эерэг байдал (4): Нөхцөл байдалдаа эерэг хандах нь

Туйлын Эерэг
Байхын Гайхамшиг

Бүлэг **06**

Таван төрлийн эерэг байдал (4): Нөхцөл байдалдаа эерэг хандах нь

> "Найдвар нь үл үзэгдэх зүйлийг харж, биет бус зүйлийг мэдэрч, боломжгүй зүйлийг бий болгодог"
>
> **- Хелен Келлер**

Нөхцөл байдал бидний бодол санаа, үйлдэлд нөлөөлдөг. Үүний эсрэгээр бидний хандлага нөхцөл байдалд нөлөөлөх нь ч бий. Амьдралд маань тулгардаг янз бүрийн бэрхшээл, зовлонт нөхцөл байдлууд нь Бурханд итгэдэг хүмүүст ч бас тулгардаг. Гэвч харанхуйд одод гялалздаг шиг зовлонт нөхцөл байдал нь эерэг байдлыг гэрэлтүүлэх хөрс болж болно. Энэ үед хамгийн чухал зүйл бол асуудлын өмнө эерэг хандлагатай байх явдал. Эерэг хандлага бол бэрхшээлийг даван туулах түлхүүр юм.

Мөн бид өөрсдийн харьяалагддаг хамт олон гэх орчноос нөлөөл авдаг. Тиймээс өөртөө болон хөршүүддээ төдийгүй чуулган, сургууль, компани гэх мэт харьяалагддаг хамт олныхоо талаар эерэг хандлагатай байх нь маш чухал.

Асуудлын давлагааг дав

Энэ бол миний АНУ-ын Вашингтон хот дахь "Төгс Сайнмэдээ" чуулганд танилцсан хосуудын түүх юм. Тэд хүүхэдтэй болохын тулд чадах бүхнээрээ хорь гаруй жил оролдсон ч бүтээгүй ажээ. Маш их залбирч, эмнэлэгт очоод янз бүрийн шинжилгээ өгч, жирэмсэн болоход тустай гэсэн сайн эм, хоол идэж уусан ч тус болсонгүй. Эмч "*Нөхөр тань асуудалтай тул хүүхэдтэй болж чадахгүй байна*" гэж хэлсний дараа хосууд хүүхэдтэй болно гэдгээ больж, бүрэн бууж өгчээ.

Гэтэл энэ хос Солонгост байсан миний талаар сонссон юм. Гэрлээд 17 жилийн дараа залбирлаар охинтой болсон манай гэр бүлийн түүхийг тэд мэдээд ахин шинэ мөрөөдөлтэй болжээ. Чадах бүхнээ оролдоод зогсохгүй, анагаах ухааны хувьд боломжгүй гэж хэлсэн ч Бурхан туслах юм бол хүүхэдтэй болж чадна гэсэн туйлын эерэг итгэлтэй болсон юм. Үр дүнд нь дахин найдвар төрсөн хосууд итгэлээрээ дахин залбирсан бөгөөд Бурхан гайхамшгаа үзүүлж, тэд хүүхэдтэй болсон билээ. Тухайн үед тэд 52 настай байв. Тэд 23 жил ханилсны эцэст эрхэм нандин үртэй болжээ. Асуудал тулгарсан үед сэтгэлээр унахгүй, эерэг хүлээлтээр Бурханд найдтал Эзэн нигүүлслээ өгсөн байна.

Асуудлаас илүү чухал зүйл бол асуудалд хандах хандлага юм. Асуудал гарах үед бид ихэнхдээ бусдыг эсвэл нөхцөл байдлыг буруутгадаг. Гэсэн хэдий ч энэ хандлага нь асуудлыг шийдэхэд огт тус болдоггүй. Асуудлаар дамжуулан Бурханы ивээлийн талаар бодож, эерэг хандлагатай урагшлах ёстой. Арван тагнуул Канаан нутгийг тагнаж ирээд сөрөг мэдээлэл өгөхөд бүх израильчууд цөхөрсөн. Гэвч энэ үед Иошуа, Калеб хоёр итгэлээр тунхагласан. *"Зөвхөн ЭЗЭНий эсрэг л бүү тэрсэл. Тэр нутгийн ард олноос бүү ай. Тэд бидний хоол болно. Хамгаалалт нь тэднээс зайлуулагдсан бөгөөд ЭЗЭН бидэнтэй хамт байна. Тэднээс бүү айгтун гэлээ"* (Тооллого 14:9). Адил нөхцөл байдал, адил асуудлыг Иошуа, Калеб нар итгэлийн нүдээр харжээ. Миний дуртай магтаалын дууны нэг бол "Эзэн минь" гэх дуу.

Өөрийн далавч дор намайг нуугаач
Хүчит мутраараа намайг халхлаач
Хүчит давлагаа хүрхрэн шуурaвч
Тантай хамтдаа би халин нисное
Та бол хаадын Хаан эздийн Эзэн
Хэзээд миний мөнхийн Бурхан

Яг л энэ магтаалын үг шиг бидний амьдралд хүчит давлагаа ирдэг. Гэр бүлийн асуудал, ажил дээрх асуудал, эрүүл мэндийн асуудал гэх мэт асуудлын давлагаанууд тасралтгүй бидэн рүү цохидог. Заримдаа жижиг давлагаа мэт ирдэг ч, заримдаа биднийг хаман одох мэт том давлагаагаар ирэх үе ч бий. Гэсэн ч Эзэнтэй хамт байгсад давлагаанаас айдаггүй бөгөөд давлагаан дээр гарч, тэнгэрт халин нисдэг.

Давлагаанаас айгчид серфинг хийхийн баяр баясгаланг мэдэхгүй. Усны урсгал дундуур өндөрт нисэхийн сэтгэл хөдлөлийг мэдрэх боломжгүй. Таны амьдралд ямар давлагаа давлагаалж байна вэ? Давлагаа давлагаалахаас бүү ай. Харин Эзэнтэй хамт давлагааг давж нис. Ямар ч асуудал тулгарсан хэзээ ч битгий сөргөөр бод, эерэг бодлоор даван туулаарай.

Бурхан бол амьдралын минь найруулагч

Нэгэн согтуу жолооч 2000 оны 7 дугаар сарын нэгэн өдөр долоон машин мөргөжээ. Номын санд хичээлээ хийж дуусаад ахынхаа машинд суун гэртээ харьж явсан оюутан осолд өртсөн хүмүүсийн нэг байв. Биеийнх нь 55% гуравдугаар зэргийн хүнд түлэгдэлт автсан бөгөөд тухайн үед нүүр царайн согог, бие бялдрын нэгдүгээр зэргийн бэрхшээлтэй гэж оношлогджээ. Тэр оюутан бол 23 настай И Жи Сон байлаа.

Түүнээс хойш 23 жилийн дараа И Жи Сон нь төгссөн сургууль болох Еэхуа эмэгтэйчүүдийн их сургуульд профессор болж, боловсролын салбартаа эргэн иржээ.

Тэрээр өөрийн "Нэлээн дажгүй аз жаргалтай төгсгөл" гэх номдоо ингэж дурдсан байдаг. *"Би осолд орсон хүн үү, эсвэл осолд ороод түүнээсээ салсан хүн үү? Ослоос салах гэж их удсан, үйл явц удаашралтай, бие минь өвдсөн шиг зүрх сэтгэл минь өвдөж байсан ч ослыг бага багаар урсган явуулах мэт салсан. Би согтуу жолоочийн осолд өртсөн хохирогчоор амьдраагүй бөгөөд тэр үеийн тэр мөчид сэтгэлээ үлдээлгүй үргэлж өнөөдрөөр амьдарсан. ...Би бол ослоос салсан хүн."*

Тэрээр автомашины ослын улмаас амьдралаараа хохирсон. Түүнийг олон арван мэс засал, асар их өвдөлт хүлээж байв. Гэсэн хэдий ч тэрээр гомдоллож, уурлахын оронд өөрийнхөө нөхцөл байдлыг эергээр харж, өдөр ирэх тусам амьдралаа босгож, нийгмийн хүнд хэцүү хүмүүст тусалдаг нийгмийн халамжийн профессор болж, залуу эрдэмтдийг сургаж байна.

Тэр хэлэхдээ "*Ослын дараа миний амьдрал бүрэн өөрчлөгдөж, Бурханы талаарх миний үзэл бодол ч бүрэн өөрчлөгдсөн. Би Бурханы төлөвлөж байгаа зүйлд, Бурханы бичиж, найруулдаг кинонд би зөвхөн жүжигчин гэдгээ ойлгосон. Бурханы хүслийн дагуу бүтээсэн, нэлээн дажгүй аз жаргалтай төгсгөлтэй энэ киног дуустал нь үзэгдэл нэг бүрийн дүрээ сайн бүтээхийн тулд чадах бүхнээ хийх болно. Бурхан намайг Өөрийн төлөвлөгөөнд оролцуулж байна гэдгийг ойлгосон бөгөөд үүгээрээ илүү эрх чөлөөтэй болсон гэж боддог.*"

Бурхан бол амьдралын маань найруулагч. Та бүхэнд зориулсан гайхалтай зохиол Түүнд бий. Бурхан гайхалтай, сэтгэл хөдөлгөм кино хийх чадвартай. Амьдралын баяр баясгалан, уйтгар гуниг, хором мөч бүхнийг нийлүүлж шилдэг симфонийг бүтээдэг. Тиймд асуудалтай тулгарахдаа бүү сандар, бүү ай. Туйлын эерэг итгэлээр урагш тэмүүл. Сайн зүйл танд тохиолдох нь гарцаагүй.

Өнгөрсөн үеийн маань бүтэлгүйтэл намайг хүлэх бэрхшээл биш

Би өдий хүртэл үйлчлэхдээ нэг зүйлийг ухаарсан. Тэр нь асуудлаас гарч чадахгүй байх эсвэл асуудал үүсгэдэг хүмүүс нийтлэг шинж чанартай байдаг. Энэ нь өөрийнхөө алдаа, бүтэлгүйтлийн талаар төдийгүй бусдаас авсан гомдлынхоо талаар байнга бодож байдаг. Хэрэв та урьд өмнө тохиолдсон сөрөг зүйлдээ хүлэгдсэн бол одоо хийж буй ажилдаа үнэнч байж чадахгүй, цаашдын ажилдаа ч сайн бэлтгэж чадахгүй.

Бурхан бидэнд шинэ зүйл хийхээс өмнө "*Урьдын юмыг бүү дурсагтун. Эртний юмыг бүү бодогтун*" гэсэн (Исаиа 43:18). Эдгээр үгс нь Египетээс гарсан израильчуудын нэгэн адил урьдын ивээлдээ тайвширч зогсохгүй шинэ ивээлийг хүсэх ёстой гэдгийг бидэнд заадаг. Үүний зэрэгцээ өнгөрсөн үеийн шарх, өвдөлтийг орхих ёстойг харуулж байна. Бүтэлгүйтэл нь ирээдүйн толь, амжилт ирээдүйд хүрэх гишгүүр байх ёстой. Энэ нь Бурханы хүчээр боломжтой. Бид Бурханы өмнө ирэх үед Есүсийн цусаар гэм нүгэлт өнгөрсөн үе, бүтэлгүйтсэн өнгөрсөн үе, гомдсон өнгөрсөн үеэ дуусгаж чадна.

Абрахам эхнэрээ хоёр удаа эгч гэж худал хэлж байсан. Иаков аяга шөлөөр ахынхаа ууган хүүгийн эрхийг булааж авсан. Мосе египет хүнийг алж байсан удаатай. Петр мөн *"Эзэнийг танихгүй"* хэмээн хараан үгүйсгэж байв. Паул Ариун Сүнсээр дүүрсэн Стефаныг хөнөөхөд гэрч болон тэргүүлж явсан өнгөрсөн үетэй хүн. Гэвч тэдний амьдрал түүгээр зогссонгүй. Шинээр өөрчлөгдөж, Бурханы дуудлагын төлөө гайхамшигтайгаар ашиглагдсан. Та яг одоо өөрийн алдаа, шаналал, зовлонгоо сэтгэлээсээ авч хаяна уу. Есүсийн цусаар угааж, мартаарай.

Мартах нь сэтгэцийн эрүүл мэндэд бас чухал механизм гэж эрдэмтэд хэлдэг. Санаж байгаа зүйлээ тодорхой хэмжээгээр арилгаж чадсанаар л шинэ зүйлс сайн толгойд орж ирнэ. Хэрэм самраа хаана нууснаа мартсанаас болж жил бүр олон сая мод ургадаг гэж ярьдаг. Өмнөх бүх алдаа, шархыг арилгаж, Эзэнээс ирэх шинэ нигүүлсэл, гайхамшгийг хүлээх хэрэгтэй.

Аз жаргалыг түгээгч гэгддэг алдарт зохиолч Лоран Гунелийн бичсэн "Явахыг хүссэн замаараа яв" номд дараах хэсэг гардаг. *"Бидний мэдэрдэг айдсуудын ихэнх нь бидний толгойд бий болсон бүтээлүүд байдаг. Бид үүнийг ойлгодоггүй. Хүүхдээ алхаж сурч байгааг хараарай. Хүүхэд нэг удаагийн алхалтаар хөлд орно гэж итгэдэг бил үү? Зогсох гэж босоод дахин унадаг. Хүүхэд дунджаар 2000 удаа унасны дараа алхаж сурдаг."* Хүүхдүүд хэзээ унаснаа санадаггүй. Тэд хэчнээн удаа унасан ч баяртайгаар алхаж, гүйх дасгал хийдэг. Өнгөрсөн алдаагаа эргэцүүлэн бодох юм уу, өнгөрсөн шархаа эргэж харахаа одоо энэ мөчөөс эхлэн зогсоох хэрэгтэй.

Стив Жобс 30 настайдаа өөрийн үүсгэн байгуулсан компаниасаа 10 жилийн дараа хөөгдөж, сэтгэл гутралд орж байлаа. Бүтээлч сэтгэмжгүйн улмаас сонины компаниас халагдсан Уолт Дисней, хөгжим муу тоглодог гэсэн шалтгаанаар тоглолтын танхимаас хөөгдөж, ачааны машины жолоочоор ажиллаж байсан Элвис Пресли, продюсер байсан ч логик муутай гэсэн шалтгаанаар телевизээс хөөгдсөн Опра Уинфри, гэр бүл салалтын зовлонг туулж, засгийн газрын тусламжаар арай ядан амьд зууж байгаад санамсаргүй бичсэн романаараа дэлхийд алдартай болсон "Харри Поттер"-ын зохиолч Жоан Роулин. Тэдний нийтлэг зүйл бол бүтэлгүйтлийн улмаас дахин боссон явдал. Тэдний аль нь ч бүтэлгүйтлийг бүтэлгүйтэл гэж үзээгүй. Бүтэлгүйтлийнхээ туршлагаас суралцаж, шинэ ирээдүйгээ нээцгээсэн.

АНУ-ын 16 дахь ерөнхийлөгч Линкольныг судалсан судлаачдын үзэж байгаагаар тэрээр амьдралынхаа туршид 27 удаа бүтэлгүйтжээ. Тэрээр АНУ-ын 16 дахь ерөнхийлөгч болохын тулд 27 бүтэлгүйтэл, саад бэрхшээлийг даван туулж, боолуудыг чөлөөлөх гайхалтай үйл хэргийг биелүүлсэн. Мөн ах дүү Райт нар 805 удаа бүтэлгүйтсэний эцэст онгоцоо тэнгэрт хөөргөж чаджээ. Гэрлийн чийдэнг зохион бүтээсэн Томас Эдисон 2399 удаа бүтэлгүйтсэн туршилт хийсний эцэст гэрлийн чийдэнг зохион бүтээжээ. Асуудлыг даван туулж, амжилтад хүрэхийн тулд та өнгөрсөн алдаа, шархыг дуусгаж, шинэ зүрх сэтгэл, шинэ алсын хараатай байх хэрэгтэй.

Сүнслэг дурсгалт газраа санаарай

Хүүхэд байхдаа амьдарч байсан газраа очвол хуучин дурсамжууд сэргэх үе байдаг. Дурсамж ийм хүчтэй. Хэцүү үетэй тулгарсан ч өнгөрсөн үеийнхээ эерэг туршлагыг санах нь чухал. Давид филистийн жанжин Голиаттай тулалдахаас өмнө ингэж хэлсэн.

> "Гэвч Давид, Саулд: - Боол нь эцгийнхээ хонийг хариулдаг байсан. Арслан юмуу баавгай ирээд, хонин сүргээс минь хурга авч явахад би араас нь хөөж очоод, түүнийг довтолж, түүний амнаас хургаа авардаг байсан. Хэрэв тэр над руу дайрвал би сахлаас нь шүүрэн авч түүнийг цохиж алдаг байв... Тэр тэдний нэгэн адил болох болно гэж хэлэв"
> 1Самуел 17:34-36

Филистийн цэргийн жанжин Голиат израильчуудын өмнө гарч ирэхэд бүгд айсандаа чичирчээ. Бурханыг доромжилж, Израилийг дорд үзсэн Голиатын өмнө хэн ч гарахыг хүссэнгүй. Харин Давид өөр байв. Тэрээр хээр талд өөрийг нь хамгаалсан Бурханаа санасан. Түүнийг арслангийн шүд, баавгайн сарвуунаас хамгаалсан Иэва Бурхан одоо ч түүнтэй хамт байгаа гэдэгт итгэж, Голиатын өмнө таван чулуу барин итгэлтэйгээр гарч ялалт байгуулсан түүхтэй.

Дурсгалт газар гэдэг нь барилга юмуу бэлэг тэмдэг, баримлаар дамжуулан тухайн газрыг бэлгэдлээр төлөөлөхийг хэлдэг. Нью-Йорк дахь Эрх чөлөөний хөшөө, Лондон дахь Биг Бен, Сидней дэх Дуурийн театр, Парис дахь Эйфелийн цамхаг зэрэг нь төлөөлөх дурсгалт газрууд. Харин гадаадын иргэдээс Солонгост ямар дурсгалт газрууд байдаг талаар асуухад Сөүл цамхаг, Кёнбокгун ордон, Солонгосын дайны дурсгалт цогцолборыг сонгосон байна. Уг нь дурсгалт газар гэдэг нь судлаачид, аялагчид тодорхой газар нутгаар явахдаа анхны байрлалдаа буцаж ирэхэд нь туслах зорилгоор байрлуулсан тэмдгийг хэлдэг байсан.

1Самуел 7:12-т *"Тэгээд Самуел нэг чулуу авч, Мизпа Шен хоёрын хооронд тавиад, түүнийг Ебенезер гэж нэрлэн дуудаж, ЭЗЭН бидэнд энэ газар хүртэл туслав гэжээ."* Энэ бол израиль, филистчүүд тулалдах үед Бурхан Израильд тусалж ялалт байгуулсныг дурсахын тулд эш үзүүлэгч Самуелын Мизпа, Шен хоёрын хооронд босгосон хөшөө бөгөөд хожим нь энэ газрын нэр болжээ. Гэсэн хэдий ч энэ чулууг зөвхөн бүс нутгаа төлөөлөөд зогсохгүй Бурханы ивээл нигүүлслийг势 сануулдаг сүнслэг дурсгалт газар гэж үзэж болно.

Итгэлийн аялалд бас дурсгалт газар хэрэгтэй. Бэрхшээлтэй тулгараад Бурхан байхгүй юм шиг санагдах үед, хичнээн залбирсан ч Бурхан хариулахгүй байгаа юм шиг санагдах үед санах ёстой зүйл байдаг. Энэ бол миний Бурхантай анх уулзсан өдрийн сэтгэл хөдлөл, хариултаа авсан залбирал, Ариун Сүнсээр дүүрэн байсан үеийн баяр баясгалан юм. Тиймээс бид гэмших ёстой зүйлээ гэмшиж, дахин шинэчилж өгдөг Бурханы ивээл, удирдамжийг эрэлхийлэх ёстой. Хэрэв бидний сэтгэл хатуурч, Бурханы өгсөн ивээлийг санахгүй бол дахин асуудалд бүдэрч, уруу таталтад орж болзошгүй. Гэвч хэрэв Бурханы ивээлийг дахин хүсэх юм бол нигүүлсэнгүй Бурхан танд шинэ гайхамшгийг өгөх болно.

Эерэг залбирлаар асуудлыг даван туул

Асуудлыг даван туулах өөр нэг түлхүүр бол эерэг залбирал юм. Намайг Токио хот дахь "Төгс сайнмэдээ" чуулганы ахлах пастороор томилогдож очиход чуулган маш том шархтай байлаа. Ёоидугаас илгээсэн хуучин ахлах пастор нь чуулганыхаа бүх хөрөнгийг өөрийн нэр дээрх хуулийн этгээд рүү шилжүүлж, дараа нь Ён Ги Чой пастораас нүүр буруулсан байв. Үүгээр ч зогсохгүй тэрээр Ён Ги Чой пасторын дагалдагчдыг чуулганаас хөөж гаргасан. Очих газаргүй болсон итгэгчид цэцэрлэгт хүрээлэнд хүндэтгэл өргөж, хүндэтгэл өргөх газар олохын тулд долоон удаа нүүсэн байв. Намайг очиход дөрвөн давхар байрыг бүхэлд нь түрээслэн хүндэтгэл өргөж байсан ч өндөр түрээс төлөх амаргүй, барилга барина гэж мөрөөдөхөд ч хэцүү байлаа.

Би ийм нөхцөлд юу хийж чадахаа хайсан бөгөөд миний чадах зүйл залбирал л байв. Тиймээс би томилогдоод хоёр жил хагасын турш өглөөний залбиралд бүхнээ зориулав. Би өдөр бүр үүрээр босож, нөхцөл байдлаа буруутгахгүй, бусдыг буруутгахгүй, зөвхөн Бурханд найдаж залбирдаг байсан. Гэтэл Бурхан итгэгчдэд Эзэнд зориулах чуулган барих хүслийг өгсөн юм. Дараа нь Бурханы чуулган барих хаалгыг Өөрийнх замаар нээж эхлэв.

Нэгэн эмэгтэй үйлчлэгч маань 7 сартай, амьгүй хүүхэд төрүүлсэн тул оршуулах ёслолыг нь удирдан явуулах ёстой болов. Нөхөр нь япон хүн байсан ба "*Манай хүүхэд одоо хаашаа явах уу?*" гэж надаас асуусан юм. Японд чандарлах соёл аль хэдийн бий болсон байсан ч христитгэгчдийн бунхан байгаагүй тул ихэвчлэн энгийн бунхан юмуу хийдийн бунханд байрлуулах шаардлагатай болдог байв. Оршуулах ёслол дууссаны дараа би маш хүнд сэтгэлээр залбирч байтал

Ариун Сүнс миний зүрх сэтгэлд хүрсэн тул Баасан гарагийн шөнийн залбирлын үеэр итгэгчдэдээ хандан "*Манай чуулганы нэг гишүүн амьгүй хүүхэд төрүүллээ. Чуулганд маань байрлуулах бунхан үгүй тул хаана байрлуулахаа мэдэхгүй харамсалтай нөхцөлд байна. Хүн бүр өөрийн зүрх сэтгэлдээ шийдсэнийхээ дагуу өргөл өргөхийг хүсье*" хэмээн тунхагласан юм.

Тэр өдөр бараг 100 сая вон өргөгдсөн байв. Дараагийн Ням гарагт илүү олон итгэгчид нэгдэж, бид 450 хүнд зориулсан бунхныг бэлдэж чадсан. Нэр ч авч чадалгүй хорвоог орхисон хүүхэд бунхны эхний байранд орсон юм. Энэ нь чуулган барих үр болсон юм. Итгэгчид сүм барихыг хүсэн, улам бүр чин сэтгэлээсээ залбирч эхлэв. Тэгэж хүндэтгэл хийх газар хайж эхэлснээр эцэст нь Токиогийн Шинжүкү хотын голд байрлах төв гудамж дахь 8 давхар байшинг худалдан авч, орох боломжтой болсон билээ.

Бид шантарч, хэцүү байх бүртээ Бурхан бидний орчин, нөхцөл байдлыг сайн мэддэг гэдэгт итгэх ёстой. Тэр мөчид бид туйлын ээрэг залбирлаар Бурханд ойртох ёстой. "*Намайг дууд, Би чамд хариулж, чиний мэдэхгүй аугаа хүчит зүйлийг Би чамд ярина хэмээв*" (Иеремиа 33:3) "*Аливаа сайн соёрхол ба аливаа төгс бэлэг нь дээрээс, гэрлүүдийн Эцэгээс бууж ирдэг. Түүнд өөрчлөлт ч, өөрчлөгдөх сүүдэр ч үгүй"* (Иаков 1:17) Хэрэв та сэтгэлээр уналгүй залбирвал Бурханы гайхамшгийг харах нь гарцаагүй.

Хамт олондоо эерэг хандах ба хамтын ажиллагаа

Амьтдын нутагт дайн дэгджээ. Арслан ерөнхий командлагч болж, амьтад тал бүрээс цугларцгаав. Цугларсан амьтад бие бие рүүгээ харж, олхиогүй гэж байгаа мэт шивнэлдэцгээв. "Илжигнүүд тэнэг юм чинь дайнд саад болох тул буцаж явсан нь дээр биш гэж үү?" "Туулай шиг хулчгар амьтан яаж тулалддаг юм бэ?" "Шоргоолж шиг сул дорой амьтныг юунд ашиглах вэ?" "Заан маш том тул дайсанд амархан баригдана даа."

Энэ үед ерөнхий командлагч арслан бүгдэд хандан чанга дуугаар хэлэв. "*Бүгд дуугүй бай. Илжиг нь урт амтай тул бүрээ болгон ашиглах болно. Мөн туулайнууд хурдан тул элч болгон ашиглана, шоргоолжнууд нь жижиг болохоор нүдэнд харагдахгүй тул дайсны хуаранд илгээх бөгөөд заанууд хүчтэй тул дайны материалыг тээвэрлэх ажлыг хийнэ.*"

Дайтахаар цугларсан амьтад бие биеийнхээ сул талыг хамгийн түрүүнд олж харсан. Илжигний тэнэглэл, туулайн болгоомжлол, шоргоолжны сул доройн байдал, зааны том биеэс болж дайнд ялагдах юм шиг санагдсан. Гэвч арслан цугларсан амьтан бүрийн сайн чанарыг олж харжээ. Илжигний дуу хоолой, туулайн хурдан хөл, шоргоолжны жижиг бие, зааны хүч чадлын ачаар ялж чадна гэж бодсон. Ийм байдлаар хамт олон дотор бие биеийнхээ давуу тал дээр төвлөрч эерэг байх үед хамтын ажиллагааны хүч бий болдог.

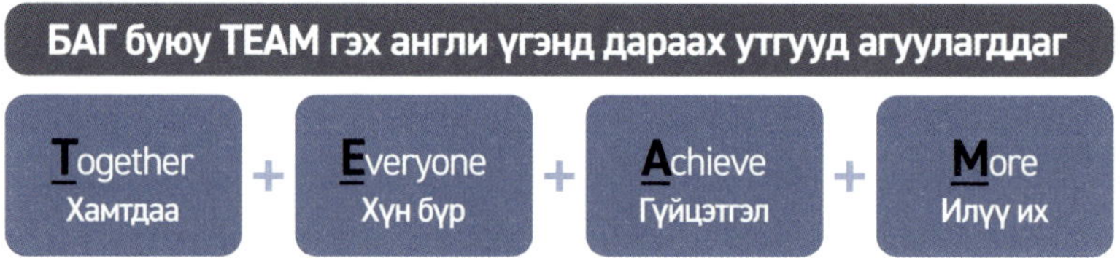

Бид хүчээ нэгтгэх үед ганцаараа төсөөлж чадахаас ч илүү мэргэн ухааныг гаргаж, илүү агуу хүчийг бий болгож чаддаг. Библид ийн хэлсэн: "*Ганцаараа байснаас хоёул байх нь илүү дээр билээ. Тэгвэл тэдний зүтгэл сайнаар хариулагдах болно. Хэрэв тэд хамтдаа ойчих аваас нэг нь нөгөөгөө босгоно. Харин ганцаар байгч унахад түүнийг босгох хүн үгүй тул, хөөрхий. Түүнчлэн хэрэв хоёул хамт хэвтэх аваас тэд*

дулаацдаг бол харин ганцаараа хэрхэн дулаацах билээ? Ганц хүнийг хэн нэг нь дайран дийлж чадах бол хоёр нь нэгийг няцаана. Гурамсалж гөрсөн сур тийм ч амар тасардаггүй" (Номлогчийн үгс 4:9-12).

Бид том, жижиг гэлтгүй хамт олны нэг хэсэг болон амьдардаг. Бид гэр, сургууль, ажлын байр, чуулган, бүс нутаг, улс орон, тэр ч байтугай дэлхий гэж нэрлэгддэг том нийгэмлэгийн нэг хүн юм. Бас бид бие биетэйгээ холбоотой байдаг. Тэгэхээр амьдрал гэдэг ганцаархнаа хоолойныхоо чадлаар дуулдаг дуу биш, бие биеийнхээ тоглолтыг сонсож, эв зохицлыг бий болгодог симфони шиг. Тиймээс хажууд байгаа хүнийхээ сул талыг биш давуу талыг нь харах хэрэгтэй. "Тэр хүнээс болж бүтэхгүй" гэх сөрөг бодлоос илүү "Тэр хүний давуу талыг нэгтгэж чадвал амжилтад хүрнэ" гэсэн эерэг бодолтой байх хэрэгтэй. Өөрөөр хэлбэл өөрийн харьяалагдаж буй хамт олныхоо талаар эерэг сэтгэлгээтэй байх ёстой.

Эерэг итгэл чуулганыг амилуулдаг

Нэгэн хүн пастор дээр ирээд ямар ч асуудалгүй чуулган олж өгөхийг хүсжээ. Гэтэл пастор ийн хариулав: *"Асуудалгүй чуулган гэж байдаггүй. Байсан ч би чамд хэлж чадахгүй. Учир нь таныг орох мөчид асуудалтай чуулган болж магадгүй юм."*

Сайнмэдээ тараахад 'Есүст дуртай, харин чуулганд дургүй' гэж хэлдэг хүмүүстэй тааралдах үе байдаг. Өөрсдийгөө Христэд итгэгч гэж нэрлэдэг ч чуулганд явдаггүй 'Канааны итгэгч чуулганд явдаггүй итгэгч'-ийн тоо нэмэгдэж байгаа тухай мэдээ сонсогдох болжээ. "Асуудалгүй чуулган" хайж байна гэж хэлэх хүмүүс ч байдаг. Гэвч асуудалгүй амьдрал гэж байдаггүйн адил асуудалгүй чуулган гэж хаана ч үгүй. Хэдийгээр чуулганы хамт олон дутмаг, хүнд хэцүү орчин, нөхцөлтэй тулгарсан чуулганууд байж болох ч чуулганыг эерэг хандлагаар харж, ерөөж, босгон байгуулах нь чухал.

Бурхан биднийг Христийн биеийн эрхтнүүдээр дуудсан (Ефес 5:30). Пастор Лукадо "Пастор аа, амьдрал хэцүү байна" номдоо чуулганы нэг биеийн талаар *"Толгой нь тохиромжтой хариултыг олох ёстой, нүд нь асуудлыг олж харах ёстой, ходоод нь нөхцөл байдлыг шингээх ёстой, дэлүү бактерийг устгах ёстой, гар нь анхаарал тавих ёстой, хөл нь ажлын талбар руу явах ёстой"* гэж тайлбарласан байдаг.

Биеийн хэсэг бүр чухал байдаг шиг чуулганд байгаа

хүн бүр чухал. Тиймээс та харьяалагддаг чуулганаа болон тэнд байгаа хүмүүсийг хайрлах ёстой. Хамаагүй шүүмжилж, яаран дүгнэлт хийж болохгүй. Нүдэнд гоё харагдах ажил, гоё харагдах үйлчлэлийн талбарыг хайх биш, хэдий жижиг зүйл байсан ч үүнийг өөрт даалгагдсан дуудлага хэмээн үзэж, чадах бүхнээ хийх хэрэгтэй.

Магтаалын дууны номд буй 208-р дууны нэгдүгээр бадагт "*Би Бурханы хаанчлал ба Эзэний орших чуулган, эрдэнэт цусаараа худалдаж авсан чуулганыг үргэлж хайрлах болно*" гэсэн үг байдаг. Чуулган бол Эзэний цусаар худалдаж авсан Эзэний бие мөн. Эзэн чуулгандаа хайртай байдгийн адил бид ч бас чуулганыг эрхэмлэж, хайрлах ёстой. Бид чуулганаа эергээр харж, ивээл, ерөөлийн уур амьсгалаар дүүргэх ёстой. Өөрийн харьяалагддаг чуулган болон пастораа ерөөж залбираарай. Итгэл бол эерэг байдал юм. Эерэг итгэл, үгс чуулганыг амилуулдаг.

Ажлын хамт олондоо нөлөөлөх эерэг үр нөлөө

Аливаа байгууллагад эерэг хүмүүс маш чухал

хэрэгтэй байдаг. Чадварлаг хүмүүсийг олж чаддагаараа алдартай банкны ерөнхийлөгч байсан гэдэг. Түүний сонгож, чухал үүрэг хариуцлагыг даатгасан удирдах албан тушаалтнууд ямагт гайхалтай үр дүнд хүрдэг байлаа. Хүмүүс түүнээс нууцыг нь асуухад ингэж хариулжээ. Тэрээр үйлчлүүлэгчтэй зөвлөлдөх үедээ гэрээний агуулгын талаар шалгах шаардлага гарч дотуур, утсаар цонхны ажилтныг дуудахад үед тэдний хариулт хоёр төрөлд хуваагддаг байна. Эхнийх нь "*Одоо үйлчлүүлэгчтэй байгаа болохоор очиж чадахгүй байна*" гэдэг бол нөгөөх нь "*Үйлчлүүлэгчтэй байгаа тул энэ ажил дуусмагц оръё*" гэж хариулдаг байна. Энэхүү тестээр дамжуулан хэдийгээр хариулт нь ойролцоо ч тухайн ажилтан нь сөрөг эсвэл эерэг бодолтой хүн эсэхийг тодорхойлох боломжтой байсан гэдэг. Чадварлаг хүмүүсийг ажилд авахдаа хамгийн эхний нөхцөл бол эерэг хандлагатай эсэх байсан ба хэзээ ч буруу сонголт хийж байгаагүй гэдэг.

Нью-Йорк хотын "Метрополитан амь даатгалын компани"-д их хэмжээний зардлаар сургасан шинэ ажилчдын 50% нь нэг жилийн дотор ажлаас гарах хүнд байдалтай тулгарсан байна. Тиймээс энэ асуудлыг шийдэхийн тулд Пенсилванийн их сургуулийн сэтгэл судлалын профессоруудаас тусламж авчээ. Судлаачид даатгал зарахдаа сайн оффисын ажилчдаас судалгаа автал эерэг хандлагатай 50% ажилчид нь сөрөг хандлагатай 50% ажилчдаасаа 37%-иар илүү даатгалын борлуулалтын гүйцэтгэл өндөр, ажил солих хувь багатай байгааг тогтоожээ. Тэр цагаас хойш тус компани шинэ ажилтан авахдаа эерэг, өөдрөг сэтгэлтэй ажилчдыг сонгох тал дээр хүчин чармайлт гаргаж, үүний үр дүнд борлуулалтын гүйцэтгэлээ нэмэгдүүлж, ажлаас гарах хувь хэмжээг бууруулж чадсан байна.

Хэрэв танай ажилтнууд компанидаа эерэг ханддаггүй бол үйлчлүүлэгчид ч танай компанид эергээр хандахгүй. Ажилчид компанидаа хайртай биш бол үйлчлүүлэгчид компанид хайртай болоход хэцүү байх болно. Цаашилбал сөрөг хандлагатай хүмүүс байгууллага дотроо шаргуу ажиллах, хөгжих боломжоо алддаг. Компани ч бай, ажилтан ч бай эерэг уур амьсгалыг бий болгох ёстой.

АНУ-ын Мичиганы их сургуулийн профессор Жэйн Даттон 'эерэг байдал' бол тухайн хүний эзэмшиж чадах хамгийн сайн зэвсэг гэдгийг онцолжээ. Эерэг сэтгэлтэй хүмүүсийн хязгааргүй боломжийн хүрээ тэлэгддэг бөгөөд энэ нь далд эрч хүч, шинэ санаа, удирдах чадвар, эр зориг зэрэг үнэт нөөцийг ашиглах үндэс болдог. Та бүхэн ямар ажлын байр, хамт олонд харьяалагдаж байгаагаас үл хамааран “эерэг байдлын хүчээр” амжилтад хүрээсэй хэмээн хүсэж байна.

Амьдралд өөрийн нөхцөл байдалд талархах эсвэл эергээр хандахад хэцүү үе байх нь гарцаагүй. Тэгэх бүртээ нөхцөл байдалд хандах эерэг хандлага чухал гэдгийг санаарай. Асуудалтай тулгарахдаа бусдыг буруутгаж, гомдоллохгүй байх хэрэгтэй. Өнгөрсөн үеийн сөрөг байдлаас ангижирч, Бурханы ивээлийг тунгаан бодож, эерэг залбирлаар даван туулах хэрэгтэй. Мөн харьяалагддаг чуулган эсвэл хамт олондоо эерэг хандлагаар үйлчлэн ажиллаарай. Бурхан эерэг хүмүүсийг гарцаагүй ерөөх болно. Тэрээр амьдралд нь маш их сайн сайхныг өгөх болно.

Positivity Quotient Check List

Туйлын эерэг байдлаа шалгах хүснэгт ☑

Таны нөхцөл байдалдаа эерэг хандах хандлагын үзүүлэлт (PQ) хэд вэ?

Өгөгдлүүдийг уншаад тохирох нүдийг чагтална уу!

Хэмжих асуултууд	Огт тийм биш	Тийм биш	Ихэнх-дээ	Тийм	Яг тийм
	1 оноо	2 оноо	3 оноо	4 оноо	5 оноо
1. Асуудал тулгарах үед эхлээд гомдоллодоггүй.					
2. Өнгөрсөн шархаа дахин бодож, шаналдаггүй.					
3. Надад тохиолдож буй бүх зүйл, миний хүрээлэн буй орчин Бурханы эрх мэдэлд байдаг гэдэгт итгэдэг.					
4. Бурханы надад өгсөн ивээл нигүүлслийг эргэн санаснаар би хүч авдаг.					
5. Хүнд хэцүү нөхцөл байдал үүссэн ч сайн сайхны төлөө Бурхан ажиллана гэдэгт итгэдэг.					
6. Би харьяалагддаг хамт олныхоо талаар эергээр боддог хандлагатай.					
7. Би чуулганыхаа төлөө залбирч, хайрладаг.					
8. Би ажиллаж байгаа компаниа (ажлын байраа) хайрлаж, эрхэмлэдэг.					
9. Өөрийн харьяалагддаг хамт олноо шүүмжилдэггүй.					
10. Хүмүүстэй хамт байхдаа, хамт ажиллахдаа үргэлж эерэг хандлагатай байдаг.					

Асуулт бүрийн оноог нэмнэ.
Нөхцөл байдалдаа эерэг хандах хандлагын үзүүлэлтийн нийлбэр (_____ оноо)

“Учир нь Өөрийн сайн
таалын төлөө та нарын хүсэх,
ажиллахын аль алинд нь та
нарын дотор үйлдэгч нь
Бурхан Өөрөө юм.”

Филиппой 2:13

Бүлэг 07

Таван төрлийн эерэг байдал (5): Ирээдүйдээ эерэг хандах нь

Туйлын Эерэг

Байхын Гайхамшиг

Бүлэг **07**

Таван төрлийн эерэг байдал (5): Ирээдүйдээ эерэг хандах нь

> *"Алсын хараа, мөрөөдөл бол Ариун Сүнс Бурханы хэл"*
>
> **- Ён Ги Чой**

Таван төрлийн эерэг байдлын сүүлчийнх нь ирээдүйдээ эерэг байх нь юм. Ирээдүйдээ эерэг хандах нь таныг мөрөөдөлтэй, алсын хараатай хүн болж өсөхөд тусалдаг. Бурхан бидний мөрөөдлийн дагуу ажилладаг. Тийм ч учраас ирээдүйн талаар ямар хүлээлт, ямар найдвар, алсын хараатай байгаа нь чухал.

Би 6-р ангид байхдаа хар арьст пасторыг анх удаа харж билээ. Тэр үед "Ёоиду Төгс Сайнмэдээ" чуулган Сеодэмүнд байрладаг байв. Илгээлтийн эзэн Жон

Херстон шиг цагаан арьст пасторуудыг харж байгаад анх удаа хар арьст пасторыг хараад их гайхсандаа. Тэр үед би тэр хар арьст пастортой таарч, түүнийг даган явж байгаад ингэж хэлэв. "*Миний гар дээрх мэнгэний өнгө таны арьсны өнгөтэй төстэй. Дараа нь би танай оронд очиж сайнмэдээг тунхаглах болно.*"

Түүнээс хойш олон жил өнгөрчээ. Би 1993 онд Африкийн Кени улсад Ён Ги Чой пастортай хамт 'Африкийг Ариун Сүнсээр дүүргэх чуулган'-ыг зохион байгуулсан юм. Индэр дээр гарч олон хүний өмнө залбирч байхад Бурхан надад 27 жилийн өмнө мөрөөдөж байсан мөрөөдлийг минь сануулж билээ. "*Чи залуу байхдаа хар арьст пасторыг дагаж яваад Африкт сайнмэдээ тараана гэж хэлээгүй гэж үү? Тэр мөрөөдөл чинь биеллээ.*"

Би бага насны мөрөөдлөө мартсан ч Бурхан мартаагүй юм. Ирээдүйнхээ талаар мөрөөдөн хэлж байсан үгсийг минь Бурхан санаж байсан ба тэр мөрөөдлөө биелүүлэхэд минь удирдсан юм. Үүнтэй адил итгэл дотор мөрөөдөх нь чухал юм.

Гайхамшиг бол найддаг хүмүүсийнх

Пастор Ён Ги Чойд асар их нөлөө үзүүлсэн пасторын нэг бол Орал Робертс юм. Гацаа, уушгины өвчтэй байсан тэр пастор Бурханаар эдгээгдэж, гайхалтай эдгэрлийн үйлчлэгч болсон юм. Бурханы үг ба амлалт биеллээ олж Орал Робертсийн их сургууль хүртэл байгуулагдсан. Пастор Робертс өөрийн үйлчлэлийн үндсэн зарчмуудыг цэгцэлж намтар номоо хэвлүүлсэн бөгөөд уг номын нэр нь "Гайхамшгийг хүлээ." Өөрийн амьдралаар гайхамшгийг мэдэрсэн тэрээр гайхамшгийг хүлээх зүрх сэтгэлгүй бол гайхамшиг бий болохгүй гэдгийг гэрчилсэн. Хэрэв таны амьдралд гайхалтай төлөвлөгөөг бэлдсэн Бурханд итгэн найдвал сайн зүйл тохиолдож, гайхамшгийг мэдрэх болно.

> "Гэвч '*Нүд үзээгүй, чих сонсоогүй, хүний зүрх сэтгэлд ороогүй юмсыг Бурхан Өөрийг нь хайрладаг хүмүүст бэлджээ*' гэж бичигдсэн ёсоор болжээ" 1Коринт 2:9

Нэгэн цагт санваартан болохыг хүсэж байсан Голландын зураач Винсент Ван Гог 1888 онд өөрийн дүү Теод дараах захидлыг илгээжээ. "*Хэрэв миний бүтээл зарагдахгүй бол яалтай ч билээ. Гэхдээ нэг л өдөр хүмүүс миний зурсан зургууд миний ашигласан будгаас илүү, амьдралаас минь илүү үнэ цэнтэй гэдгийг ойлгох болно.*" Өнөөдөр Ван Гогийн зургууд хэдэн арван тэрбум воноор зарагддаг ч тэр зургийг зурах үедээ зураач маань амьжиргаагаа залгуулах мөнгөгүйн улмаас зовж шаналж байсан. Гэхдээ тэр цөхрөөгүй. Түүний зурсан зургууд хэзээ нэгэн цагт дэлхий дахинд танигдана гэдэгт итгэж байсан. Өөрийгөө эргээр харж, сэтгэлээр унасангүй. Эерэг итгэлтэй Бурханы хүмүүс Түүний гайхамшгуудыг хүлээх ёстой. Харах, сонсох, ярих чадваргүй буюу гурван хөгжлийн бэрхшээлтэй Хелен Келлер мөн "*Итгэл найдвар болон мөрөөдөлгүй хүн бол өрөвдөлтэй*" гэж хэлсэн байдаг.

Өвчтэй байсан ч залбирч, ирээдүйгээ өөдрөг нүдээр мөрөөддөг нэгэн хүү байв. Энэ бол АНУ дахь "Оранж Хилл Пресвитериан" чуулганы пастор Жу Хён Чол юм. Жу пастор нэг настай байхдаа тархины саажилттай гэж оношлогджээ. Тархины саажилтаас болж бүх бие нь мушгирч, өвдөхдөө ганц үг хэлэхийн тулд бүх биеэ мушгихаас өөр аргагүй болдог байжээ.

Тэрээр дунд сургуульд байхдаа Есүсийг хүлээн авсан. Үүний дараа Бурханы ивээл ирж, Библи уншиж, залбирч, ирээдүйгээ эерэг мөрөөдлөөр дүүргэсэн эерэг хүн болсон. "*Харин Бурхан цэцдийг ичээхийн тулд ертөнцийн мунхгийг сонгож, хүчтэйг ичээхийн тулд ертөнцийн мөхсийг сонгожээ*" гэсэн үг түүний сэтгэлийг хөдөлгөжээ (1Коринт 1:27). "Бурхан намайг ашиглах болно. Бурхан надаар дамжуулан алдаршуулагдах болно. Би ирээдүйд пастор болно. Пастор болоод зогсохгүй сэргэн мандуулагч болно!" Энэ мөрөөдөл нь түүний сэтгэлд сууж, улмаар өсөж эхлэв. Эргэн тойрныхон нь дэмий хоосон мөрөөдөл гэж шоглож эхэллээ. Эцэг эх нь ч түүнийг болиулах гэж "Үгүй ээ, чи өөрийнхөө биеийг удирдаж чадахгүй, ганц үг хэлэхийн тулд бүх биеэ мурийлгаж байж яаж пастор болох юм бэ?" гэж байлаа.

Гэсэн хэдий ч тэр АНУ-д суралцахыг мөрөөдөж эхэлсэн юм. АНУ-ын газрын зургийг нааж, өдөр шөнөгүй газрын зураг дээр гараа тавин залбирав. "*Бурхан минь, намайг Америкт сурч, пастор болоход туслаач!*" Тэрээр ирээдүйнхээ талаар эерэг хандлагаар залбирахад Бурхан түүний мөрөөдлийг биелүүлсэн юм. Солонгост Библийн сургуулиа төгсөөд АНУ-ын Азуса Номхон далайн их сургуульд очиж магистрын зэргээ хамгаалсан. Одоо тэрээр тархины саажилттай анхны пастор болж, Америк дахь солонгос иргэдийн чуулганд пастороор үйлчилж байна. Тэрээр ингэж өчжээ: "*Есүстэй уулзахаас өмнө хөгжлийн бэрхшээл миний амьдралд саад болж байсан. Харин Есүстэй уулзсаны дараа би мөрөөдөж эхэлсэн. Хөгжлийн бэрхшээлтэй маань хөгжлийн бэрхшээл байхаа больсон гэдгийг ойлгосон. Энэ нь надад ямар ч саад тотгор учруулахаа больсон. Одоо би хөгжлийн бэрхшээлээ Бурханы өмнө тавьж байна. Бурхан минь, энэ хөгжлийн бэрхшээлийг танд өргөж байна. Энэ хөгжлийн бэрхшээл миний хувьд саад тотгор биш, харин Бурханы алдар сууг илчлэх хэрэгсэл, Бурханы чуулган болон гэр бүлд тустай ерөөлийн суваг болгож өгөөч. Бурхан хүчирхэг нэгнийг ичээхийн тулд сул дорой хүмүүсийг ашигладаг.*"

Жу пастор бие махбодын хувьд хүнд бэрхшээлтэй байсан ч үгийг барьж, залбирдаг байв. Ийм амьдралын дунд эерэг итгэл, мөрөөдөлтэй болж, Бурханы гайхамшгийг мэдэрсэн.

Та бол Бурханы мөрөөдөл

Бурхан ч бас мөрөөдөгч. Бурханд ямар хүсэл мөрөөдөл байсан бэ? "*Та нар Надад тахилчдын хаант улс, ариун үндэстэн болох болно*" гэж хэлсэн Бурханд сонгогдсон ард түмэн болох Израилийн тухай мөрөөдөл байв (Гэтлэл 19:6). Түүгээр ч үл барам Бурханы жинхэнэ хүсэл мөрөөдөл бол Есүс Христ байлаа. Бурхан Есүсээр дамжуулан хүн төрөлхтнийг аврахыг хүссэн. Тиймээс Тэр бидний гэмийн асуудлыг шийдэхийн тулд Есүс Христийг загалмай дээр үхүүлэхээр илгээсэн. Ийнхүү сул дорой хүмүүсийн мэргэн ухаан, хүч чадлаар биш, харин Ариун Сүнсний хүчээр амьдрах замыг нээсэн. Тэр бидний сул тал, өвчин эмгэгийг эдгээсэн. Тэр биднийг хараалаас гэтэлгэж, ерөөлийг авчирсан. Бидэнд мөнхийн улсын зам, мөнх амьдрахын замыг нээж өгсөн. Бурханы Хүү Есүс Христэд итгэдэг хүн бүр энэхүү ерөөлийг эдлэх боломжтой. Тэгэхээр та бид бүгдээрээ Бурханы мөрөөдөл мөн. Бурхан та бүхнээр дамжуулан Өөрийн хүсэл мөрөөдөл, эрхэм зорилгоо биелүүлэхийг хүсдэг.

Хүний сэтгэлд хоёр өөр морь давхилддаг гэдэг. Нэг нь цөхрөл хэмээх хар морь, нөгөө нь итгэл найдвар хэмээх цагаан морь. Аль морийг их тэжээхээс амьдралын чиг хандлага шалтгаалдаг гэдэг. Бид цагаан морио сайн тэжээн итгэл найдвар руу давхиулахын тулд хичээх хэрэгтэй. Бид Бурханы үгийн хоолоор тэжээгдэх юм бол итгэл найдвар руу урагшилж чадна.

Америкийн автомашины хаан Хенри Форд бага

сургуулиа ч төгсөөгүй. Гэхдээ түүнд мөрөөдөл байсан. Тэр нь хэнд ч байхгүй хамгийн хүчтэй баялаг байв. Тэрээр давхиж яваа сүйх тэргийг хараад "Морьгүйгээр явдаг машин хийж болохгүй болов уу?" хэмээн бодож машины бизнес хийх мөрөөдлөө тээжээ. Түүнийг мөрөөдөж, мөрөөдлөө биелүүлэхэд нь эхнэрийнх нь урам зориг, итгэл маш их тус болсон гэдэг. Эцэст нь тэр мөрөөдөж байсан шигээ морьгүйгээр явдаг машинаа бүтээсэн. Тэр машин бол "Форд" байсан юм. Хосыг нас барсны дараа хүмүүс дурсгалын хөшөө босгож, бичээс хийлгэсэн бөгөөд ингэж бичсэн байдаг. "*Форд бол мөрөөдөлтэй хүн байсан. Түүний эхнэр итгэлийн хүн байсан.*" Үүнтэй адил мөрөөдөл, итгэл хоёр нь хамгийн сайн хамтрагч юм.

Двайт Лиман Муди хэлэхдээ "*Дэлхийн хүмүүс харсан зүйлдээ итгэдэг, харин итгэгчид итгэдэг зүйлээ хардаг*" гэжээ. Бурхан хэн нэгнийг ерөөхийг хүсэхдээ эхлээд түүний зүрх сэтгэлд мөрөөдлөө суулгадаг.

Намайг Японы Токио хотод үйлчилж байхад ийм явдал болж билээ. Токиогийн Шинжүкү цэцэрлэгт хүрээлэнд орон гэргүй олон хүн байсан. Нэгэн өдөр би тэр цэцэрлэгт хүрээлэнд очоод орон гэргүй нэг хүнд сайнмэдээ тараач, түүнийг чуулганд авчирсан юм.

Тэрээр өмнө нь электрониктой холбоотой компани ажиллуулдаг захирал байсан юм. Нэр хүндтэй их сургуулийг төгсөж, англи хэлдээ сайн байсан ч компани нь дампуурахад гэр бүлтэйгээ уулзахаас эмээж, гудамжинд амьдрах болсон байв. Өмнө нь захирал байсан ч гадуур хоноод удсан тэрээр бусад орон гэргүй хүмүүсээс ялгарах юмгүй харагдаж байв.

Гэвч чуулганд ирсний дараа түүний гадаад төрх аажим аажмаар өөрчлөгдсөн. Эхлээд түүний харц өөрчлөгдсөн. Эхэндээ нүд нь хоосон, ямар ч хүсэлгүй байсан ч хүндэтгэлд ирж, сургаал сонсох тусам харц нь аажмаар тодорч эхэлсэн юм. Удалгүй Ням гарагт зангиа зүүж цэвэрхэн хувцас өмсдөг болсон. Цаг хугацаа өнгөрөх тусам орон гэргүй хүний төрх нь алга болж, эцэст нь огт өөр хүн болсон юм. Хожим нь сонсоход тэрээр “Би сургаалаар дамжуулан ингэж зорилгогүйгээр амьдарч болохгүй юм байна” гэсэн бодол төрж, аажмаар өдөр тутмын амьдралаа сэргээхийг мөрөөдөж эхэлсэн гэсэн. Түүнийг өөрчилсөн зүйл бол түүний мөрөөдөл байлаа. Дэлхийн мөрөөдөл биш Бурханы өгсөн мөрөөдлийг тээх болжээ. Үүнтэй адил Христэд итгэгчид дэлхийн амбицыг бус харин Бурханы өгсөн “ариун мөрөөдлийг” тээх хэрэгтэй.

Мөрөөдөл ба алсын хараа бол Ариун Сүнсний хэл

Мөрөөдөл, алсын хараагүйгээр хувь хүн, хамт олон, улс орон ч сүйрнэ. *"Алсын хараа байхгүй аваас ард түмэн журамгүй, Харин хуулийг сахигч нь жаргалтай"* гэж Библид хэлсэн шиг Бурханы үг болон илчлэлгүй ард түмэн мөхөх болно. Харин бид Бурханы мөрөөдлийг хүлээн авч, түүнийг биелүүлэхийн тулд Ариун Сүнсний дүүргэлтийг эрэлхийлэх ёстой. Учир нь Ариун Сүнсээр дүүрэх үед Бурханы мэргэн ухаан, хүч ирж, Түүний алсын хараа, мөрөөдлөөр дүүрдэг. Ариун Сүнсийг хүлээн авах нь амьдрал, итгэлийн эргэлтийн цэг. Өөрийнхөө төлөө бус Эзэний сайнмэдээний төлөө амьдарч эхэлдэг (Үйлс 1:8).

Миний амьдралын эргэлтийн цэг бол Ариун Сүнсээр баптисм хүртсэн явдал байв. Тэр үед би дөнгөж бага сургуулиа төгсөж байсан ч Ариун Сүнсний баптисм хүртэхээс өмнөх болон дараах миний итгэлийн амьдрал 180 градус өөрчлөгдсөн. Ариун Сүнсийг хүлээн авахаасаа өмнө би зөвхөн толгойгоороо Есүст итгэдэг байсан. Есүсийн тухай бодсон ч зүрх сэтгэлийн гүнд сэтгэл хөдлөл байхгүй, Есүсийн загалмайн тухай бодоход ч нулимс дуслуулдаггүй байлаа. Гэвч Ариун Сүнсийг хүлээн авсны дараа Бурханы хайраас болж миний сэтгэл хөдөлж эхэлсэн. Түүнээс хойш хэдэн жилийн турш би Есүсийн загалмайн тухай бодоход л нулимс урсдаг болсондоо.

Ахлах сургуулийн эхний жилдээ ангийн дарга болоод би өдөр бүр нэг цагийн өмнө сургуульдаа очиж, ангийнхаа хүүхдүүдийг нэг нэгээр нь нэрийг нь дуудаж, авралын төлөө залбирдаг байлаа. Бас амьдралаа Бурханы хаанчлалд бүрэн зориулах болно гэсэн мөрөөдөлтэй болсон. Бурхан намайг ашиглах болно гэсэн ээрэг итгэлийг олж авсан. Ариун Сүнсийг хүлээн авснаас хойш юу ч болсон би Бурханы хайранд хэзээ ч эргэлзэж байгаагүй. Хэрэв та амьдралдаа агуу эргэлт хийхийг хүсэж байвал Ариун Сүнсний баптисм хүртэх ёстой. Ариун Сүнсийг хүсэн, залбирах ёстой.

Эцсийн өдрүүдэд Ариун Сүнс ирэхэд хүүхдүүд эш үзүүлж, хөгшин хүмүүс зүүд зүүдэлж, залуучууд үзэгдэл үзэх болно гэж эш үзүүлэгч Иоел зөгнөсөн байдаг (Иоел 2:28). Ариун Сүнс ирэх үед хэдэн жил насалсан, амьдралын нөхцөл байдал ямар байгаагаас үл хамааран Бурханы мөрөөдлийг тээж эхэлдэг. Ариун Сүнсээр дүүрсэн итгэгчид Бурханы үгээр удирдуулж,

Түүний үгээр дамжуулан алсын хараа, мөрөөдлийг тээх болно. Хэрэв та Бурханы үгийг ойлгож, энэ нь таны амьдралд алсын харааг өгч байгаа бол энэ нь Ариун Сүнс таны дотор ажиллаж байна гэсэн үг юм. Ариун Сүнс ирэх үед ганцаараа сайхан амьдрахыг мөрөөдөх биш, харин ариун мөрөөдөл, өөрөөр хэлбэл Эзэний төлөө болон Түүний сайнмэдээний төлөө амьдарна гэсэн алсын хараатай болдог (Үйлс 1:8).

Сэтгэлийн тэнгэрт Бурханы мөрөөдөл илчлэгдэх нь

Бурхан хэзээ ч цаг үед нийцүүлж ажилладаггүй. Урьдчилан төлөвлөж, бэлтгэдэг. Бурхан амьдралыг маань удирдан чиглүүлэхдээ ч зүрх сэтгэлийг минь бэлтгэдэг.

> "Учир нь Өөрийн сайн таалллын төлөө та нарын хүсэх, ажиллахын аль алинд нь та нарын дотор үйлдэгч нь Бурхан Өөрөө юм" Филиппой 2:13

Энэ эшлэл дэх '*хүсэл*' гэдэг үг нь *мөрөөдөл* гэсэн утгатай. Биднийг залбирах үед Ариун Сүнс зүрх сэтгэлд маань ариун хүслээ өгч, мөрөөдөх боломжийг олгодог. Пастор Ён Ги Чой нэгэнтээ *"Алсын хараа ба хүсэл мөрөөдөл бол Ариун Сүнсний хэл"* гэж хэлсэн байдаг. Алсын хараа, мөрөөдөл нь сүнсний хэл учраас сүнсээр залбирах үед илүү идэвхтэй болдог. Бид Бурханы мөрөөдлийг хүсэх үед Бурхан бидэнтэй ярьдаг. Мөн Тэр хаашаа явахыг маань зааж өгдөг. Тэрээр бидэнд оюун бодол, орчин нөхцөл, мэдрэхүйгээс давсан Бурханы мөрөөдлийг тээх боломжийг олгодог.

"Таны таалал тэнгэрт шигээ газарт бас биелтүгэй" Эзэний заасан гуйлтад тэнгэрт эхлээд хүсэл нь биелэгдэж байж газар дээр биелэгдэнэ гэсэн залбирал байдаг (Матай 6:10). Ён Ги Чой пастор *"Тэнгэрт мөнхийн улсын тэнгэр орших бус итгэгчдийн зүрх сэтгэлийн тэнгэр ч бас байдаг"* гэж хэлсэн. Учир нь Бурханы Сүнс болох Ариун Сүнс нь итгэгчийн бие болон зүрх сэтгэлийг ариун сүм болгон оршдог юм. Тиймээс биднийг залбирахад Бурханы хүсэл Ариун Сүнсээр дамжуулан зүрх сэтгэлийн тэнгэрт маань илчлэгддэг бас тэр хүсэл бидний амьдралд биелдэг.

Бидний итгэл улам хүчирхэгжиж, Түүний үг бидний дотор ажиллах тусам Бурханы дуудлага, мөрөөдөл бидний дотор илүү хүчтэй ажилладаг. Тиймээс амьдралыг маань удирддаг зүйл нь бидний мэдлэг, боловсрол, гадаад төрх байдал, эд баялаг биш. Харин Бурханы мөрөөдөл бидний амьдралыг удирддаг. Бид суралцах, мөнгө олох, бизнес хийх, идэх, дасгал хийх гэх мэт бүх зүйлийг Бурханы алсын хараа, алдрын төлөө хийдэг болох юм (1Коринт 10:31).

Зовлон, мөрөөдөл хоёр найз

Зовлонг Бурханы мөрөөдлийн найз гэж хэлж болно. Абрахамын эхнэр Сара үргүй хэвээр байсан нь Бурханы дасгалжуулах хөтөлбөрийн дагуу болсон хэрэг. Тэгснээр тэрээр тэвчээртэй байж, Бурханы амлалтад итгэхэд суралцсан юм. Эцэст нь Абрахам 100 настайдаа хүүтэй болох гайхамшгийг харсан.

Иосеф мөн зүүдэлсэн зүүднээсээ болж ах нартаа үзэн ядагдаж, үгээр хэлэхийн аргагүй дасгалжуулалтыг туулах ёстой болсон. Зүүднээсээ болж боол болон худалдагдаж, хилс хэрэгт холбогдож, шоронд хоригдсон. Мөн зүүдээ тайлуулж дахин ажилдаа орсон сөнч түүнийг ор тас мартсан тул шоронд дахиад хоёр жил тэвчих хэрэгтэй болсон. Гэвч цаг нь ирэхэд Бурхан түүнийг өргөмжилж, Египетийн ерөнхий сайд болгосон билээ. Иосеф зүүд нь биелэх хүртлээ 13 жилийн турш янз бүрийн зовлон зүдүүрийг туулсан юм. Үүнчлэн мөрөөдлийн үр дүн нь сайхан ч тэрхүү мөрөөдөлдөө хүрэх үйл явц амар байдаггүй. Гэхдээ зовлон зүдүүрээс айх шаардлагагүй. Мөрөөддөг хүнд зовлон зүдүүр нь мөрөөдлөө биелүүлэх ерөөлийн суваг. Библид үүнийг ингэж бичигдсэн байдаг.

> "Үүнээс өмнө Тэрээр нэг хүнийг буюу боол болон худалдагдсан Иосефыг илгээсэн. Хөлийг нь тэд дөнгөнд оруулж, өөрийг нь төмрөөр гинжилсэн. Түүний үгс биелэгдэх хүртэл тийм байсан. ЭЗЭНий үг түүнийг шалгасан" Дуулал 105:17-19

Библид *"ЭЗЭНий үг түүнийг шалгасан"* гэжээ. Мөрөөдөлдөө итгэхэд хэцүү нөхцөлд ч үгийг харж, түүнд итгэх нь мөрөөдөл биелэх үйл явц юм.

Бурхан бүх дэлхийг усаар шүүхээс өмнө Ноад хөвөгч авдар хий гэж хэлсэн. Гурван давхар хөвөгч авдрыг барьж таазны дээд хэсэгт нэг тохой хуруунаас тохой хүртэлх урт, ойролцоогоор 45-50см хэмжээтэй цонх хийхийг захижээ (Эхлэл 6:16). Хажуу талдаа цонх байгаагүй тул 40 хоногийн турш үер болж байхад Ноа үерийг хараагүй. Цонхоо онгойлгоход тэнгэр л харагддаг байсан. Үер бууж байх үед ч Бурхан Ноаг зөвхөн тэнгэр рүү хараасай гэж хүсжээ. *"Дөрвөн зүг хаалттай байсан ч тав дах зүг нээлттэй байдаг"* гэх зүйр үг бий. Тэнгэр нээлттэй байна гэсэн утгатай. Үер шиг зовлонг туулахдаа урмыг маань хугалж, айдас төрүүлдэг орчин руу харах биш, зөвхөн тэнгэр рүү харах хэрэгтэй. Бид зөвхөн Бурханы мөрөөдөл, үгсийг харах ёстой.

Зовлон зүдүүрээр дамжуулан бид тэнгэр рүү харж сурдаг бөгөөд түүн дотор даруу байдалд суралцдаг. Хэрэв даруу байдалд суралцаагүй бол Бурханы мөрөөдөл биелэх үед өөрийн сайндаа түүнд хүрсэн гэж андуурах нь амархан. Харин зовлон зүдүүрээр даруу болсон хүмүүс мөрөөдөл нь биелэх үед бүх алдрыг Бурханд өргөдөг. Зовлон дотор ч Бурханы дээд эрх мэдэл, таалалд итгэж, итгэл дотроо тэвчээртэй байцгаая.

Мөрөөдлөө төсөөлж, нарийвчлан залбир

Мөрөөдөлдөө хүрэхийн тулд та түүнийгээ төсөөлөх хэрэгтэй. Мөрөөдөл чинь хараахан биелээгүй байсан ч мөрөөдлөө биелснээр харж чаддаг байх хэрэгтэй.

Бурханы алсын харааг итгэлийн нүдээр харж, байнга зураглах ёстой. Бурхан Абрахамын итгэлийг дасгалжуулахдаа түүнийг итгэлээрээ зураглаж сурахад сургасан. Бурхан түүнд шөнийн тэнгэр дэх одод, далайн эрэг дээрх тоо томшгүй олон элсний ширхгийг харуулсан (Эхлэл 13:14-15, 15:15). Жинхэнэ итгэл нь боломжгүй мэт санагдах бодит байдал дунд ч Бурханы үг, амлалтуудыг харах явдал.

Америкийн нэгэн зөвлөх компанийн захирал Пам Лонтос залуудаа маш тарган, 18 цаг гаруй унтдаг, үргэлж сэтгэл дундуур, цөхрөл дунд амьдардаг нэгэн байжээ. Гэвч нэг л мэдэхэд түүний бодол өөрчлөгдсөн. 'Ингэж амьдарч болохгүй. Би өөрчлөгдөх ёстой' гэж бодож эхэлсэн бөгөөд тэр цагаас хойш өдөржин эерэг мессеж бүхий хуурцаг сонсдог байв. Өөрийнхөө тухай эерэг үгсийг дор хаяж 50 удаа хэлж эхэлсэн байна. Тэрээр "*Би дажгүй хүн. Би ялагдсан хүн биш. Би ч гэсэн амжилтад хүрч чадна*" гэж өчжээ. Цаашилбал тэрээр хананд жүжигчний зургийг нааж, өөрийнхөө зургаас зөвхөн нүүрэн хэсгийг нь авч, жүжигчний хүзүүнд наажээ. Тэрээр түүнийг харж, баярлан инээж "*Би яг энэ хүн шиг*" гэж хэлдэг байжээ.

Хачирхалтай нь нэг л мэдэхэд өөрчлөлтүүд гарч

эхлэв. Жингээ хаяж эхэлсэн ба бага зэрэг хүчин чармайлт гаргаснаар дахин 20 кг турж чадлаа. Түүний дараа өөртөө итгэх итгэл нь нэмэгдэж, худалдагчаар ажилд орсон бөгөөд тэр үед ч өдөр бүр өөрийгөө борлуулалтын хаан болсон байна гэж төсөөлж ажилладаг болжээ. Гэтэл хэсэг хугацааны дараа тэр үнэхээр борлуулалтын хаан болсон юм. Түүгээр зогссонгүй энэ удаад өөрийгөө зурагтаар юм зарж байна гэж төсөөлж эхлэв.

Нэг өдөр "Шамрок" телевиз дээр очоод ажилд орох хүсэлт тавьжээ. Гэтэл *"Та царай муутай тул манай нэвтрүүлэгт тохирохгүй"* гээд татгалзжээ. Гэвч тэр телевизэд орохыг мөрөөдөж, өөрийгөө сорьсон хэвээр байв. Эцэст нь тэр газраа орж, эерэг итгэл, мөрөөдлөөр урагшилсны үр дүнд хоёр жилийн дотор компанийн дэд захирал болсон байна. Дараа нь тэрээр зөвлөх компани байгуулж, захирлаар нь ажиллахын зэрэгцээ АНУ-д олны танил болжээ.

Мөрөөдлөө биелүүлэхийн тулд та итгэлтэй байж, үргэлжлүүлэн хайх хэрэгтэй. Мөрөөдлөө дэвтэрт дэлгэрэнгүй бичиж, нарийвчлан залбирах нь бас сайн. Хувийн мөрөөдөл, гэр бүл, ажилтай холбоотой мөрөөдөл гэх мэт зүйлсийг бичиж, өдөр бүр харж, залбирч байвал тун сайнсан.

Намайг Америкт чуулган барьж байхад нэг америк чуулганы гишүүн гурван байшин хандивласан юм. Тэр нэг өдөр над дээр ирээд дэвтрээ үзүүлэв. Тэмдэглэлийн дэвтэрт нь 84 залбирлын сэдвийг дүүртэл нь бичсэн байв. Тэрээр өглөө бүр тэр дэвтрээ нээж, 1-ээс 84 хүртэлх залбирлын сэдвүүдийг харж, "*нэгдүгээрт намайг Ариун Сүнсээр дүүргэж өгөөч!, хоёрдугаарт намайг эрүүл байлгаж өгөөч!, гуравдугаарт компанийг минь ерөөгөөч!*" гэж залбирдаг байжээ. Гайхалтай нь жилийн дараа эргэн харахад тэр залбирлын сэдвүүдийн 60 гаруй нь биелсэн гэж гэрчилсэн. Тэгээд тэндээ зогсолгүй 80 гаруй шинэ залбирлын сэдвийг тэмдэглэлийн дэвтэртээ бичиж, өдөр бүр залбирдаг гэсэн юм. Бурханд биднээр дамжуулан биелүүлэхийг хүсдэг тодорхой мөрөөдөл бий. Тэр мөрөөдлийг тээж, тодорхой төлөвлөгөө гаргаж, нарийвчлан залбирах хэрэгтэй.

Анкора Импаро (Ancora Imparo)

Бурханы мөрөөдлийг биелүүлэхийн тулд ур чадвартай байх ёстой бөгөөд үүнд хэрэгтэй зүйл бол даруу байдал. Даруу хүн ур чадвараа хөгжүүлдэг. Даруу хүн өөрийн дутагдлыг мэддэг ба үргэлж суралцдаг.

Мацушита Коносүкэ бол Японы "Matsushita Electric Industrial" буду одоогийн "Панасоник" компанийг үүсгэн байгуулагч юм. Тэрээр бизнесмений хувьд амжилтад хүрсэн гурван нууцаа хуваалцсан удаатай. "*Нэгдүгээрт, миний амжилтын нууц бол ядуурал. Би маш ядуу байхдаа гутал арчих, сонин тараах гэх мэт олон удаа гашуун туршлага хуримтлуулсан. Хоёрдугаарт, миний амжилтын нууц бол би сул биетэй байсан. Биеийн сул дорой байдлаас болж олон саад бэрхшээлийг туулсан. Ингээд би эрүүл мэндийнхээ төлөө шаргуу дасгал хийж, бие бялдрын хүч чадлаа нэмэгдүүлэхийн тулд чадах бүхнээ хийсэн. Гуравдугаарт, би бага ангиа ч төгсөж чадаагүй. Эцэст нь сурч мэдээгүй бүхнээ сурахын төлөө шаргуу ном уншсан. Би маш их ном уншсан. Зогсолтгүй ном унших нь миний амьдралд сурч чадаагүй бүхнээ сурах дөт зам болсон.*" Түүний энэ түүх бол хүн өөрийн сул талаа хэрхэн хөгжүүлж, суралцаж болдгийн сайн жишээ.

Ён Ги Чой пастор "*Би ядуурлын туршлагаараа жирийн хүмүүсийн зүрх сэтгэлийг ойлгодог олон нийтийн үйлчлэлийг хийж чадсан. Олон өвчинд нэрвэгдэж байхдаа би эдгэрлийн талаар судалж, залбирснаар эдгээх үйлчлэлийг хийж чадсан. Эрдэм мэдлэггүйн улмаас би илүү их уншиж өөрийгөө хөгжүүлж чадсан"* хэмээн хэлсэн байдаг. Пастор Билли Грахам мөн нэг удаа *"Би 80 насныхаа дунд үед ч гэсэн үргэлж суралцахыг хичээдэг"* гэж байсан. Эдгээр хүмүүс бүгд өөрсдийн дутагдал, орчноо буруутгалгүй харин байнга суралцахад бэлэн байсан юм. Тийм ч учраас нөхцөл байдлынхаа хязгаарыг даван туулж, суралцах гэж шаргуу хичээх нь нэн чухал юм.

"Анкора Импаро" гэсэн латин хэллэг байдаг. Энэ үгийг суут зураач Микеланджело Буонарроти хэлжээ. Тэрээр Ромын Папыг сонгодог Сикстины сүмийн таазанд дэлхий даяар алдартай "Тэнгэр, газрыг бүтээсэн нь" зургаа зуржээ. Энэ үедээ тэр 87 настай байв. Тэрээр 87 настайдаа таазны зургийг зураад түүний үлдээсэн үг нь "Анкора Импаро" буюу '*Би суралцсаар байна*' гэсэн үг юм. Энэ нь өөрийгөө дутуу дулимаг тул байнга суралцах ёстой гэдгээ хүлээн зөвшөөрсөн өчил байлаа.

"Удирдагч бол насан туршдаа суралцагч" гэсэн үг бас бий. Бид эргэн тойрныхоо хүмүүсээс суралцаж, хүнд хэцүү нөхцөл байдлаас ч суралцаж чадна. Ажил дээрээ ажиллаж байхдаа суралцаж мөн залбирч байхдаа багш болох Ариун Сүнснээс суралцаж чадна. Бас суралцах үр

дүнтэй аргуудын нэг бол унших явдал.

Хэрэв та дуудлагаа биелүүлдэг хүн болохыг хүсэж байвал ном унших зуршилд анхаарлаа хандуулах хэрэгтэй. Библи ч уншиж, сонирхож буй салбар эсвэл мэргэжлийн номоо ч унших хэрэгтэй. Хэрэв та нэг чиглэлээр 50 гаруй ном уншвал тухайн чиглэлээр тодорхой хэмжээний тусгай мэдлэг олж авах боломжтой. Би сард хэд хэдэн удаа номын дэлгүүр орж ном худалдан авч, зав гарах бүртээ уншдаг. Ном уншсанаар бид шинэ мэдлэг мэдээлэл, ойлголт ухаарлыг олж авдаг. Ном уншихдаа чухал хэсгүүдийг тэмдэглэж авах нь бас сайн. Сингапурын Ерөнхий сайд Ли Ю Куан нэгэнтээ "*Тодорхой ой санамжаас илүү бүдэгхэн бэх удаан хадгалагддаг*" гэж хэлсэн байдаг. Энэ нь ном уншихдаа тэмдэглэл хөтлөх дадал зуршлыг чухалчилж байгаа юм. Хэрэв та бүхэн мөрөөдлөө биелүүлэхийг хүсэж байвал байнга ном уншиж, суралцах хэрэгтэй.

Библид Иосефыг түүний ах нарын хэлснээр дүрсэлсэн байдаг. Та бүхэн ямар хүн бэ? Та бүхэн ч бас Иосеф шиг зүүдлэгч мөн үү?

"Тэд: - Хараач, өнөөх зүүдний эзэн чинь ирж байна хэмээн бие биендээ хэлээд..." Эхлэл 37:19

Бид ирээдүйдээ итгэл найдвар тээж, Бурханы мөрөөдөл, алсын хараатай байх ёстой. Хэрэв та Ариун Сүнсээр залбирвал Бурханы ариун хүсэл биелэх болно. Гэр бүлийнхээ тухай мөрөөдөөрэй. Хүүхдүүд тань дэлхийд нөлөө бүхий итгэлийн хүмүүс болохыг мөрөөдөөрэй. Таны бизнес ерөөгдөж, түүгээрээ Бурханд үйлчилж, ядууст тусламж үзүүлэхэд ашиглагдах болно гэсэн ариун мөрөөдлийг тээгээрэй. Мөн чуулганыхаа сэргэлтийг хүлээж, мөрөөдөөрэй. Мөрөөдлийн дагуу биелэх болно.

Positivity Quotient Check List

Туйлын эерэг байдлаа шалгах хүснэгт ☑

Таны ирээдүйдээ эерэг хандах хандлагын үзүүлэлт (PQ) хэд вэ?

Өгөгдлүүдийг уншаад тохирох нүдийг чагтална уу!

Хэмжих асуултууд	Огт тийм биш	Тийм биш	Ихэнхдээ	Тийм	Яг тийм
	1 оноо	2 оноо	3 оноо	4 оноо	5 оноо
1. Бурханд миний амьдралд зориулсан хүлээлт, төлөвлөгөө бий гэдэгт итгэдэг.					
2. Би өөрийнхөө ирээдүйг өөдрөг, итгэл найдвартай гэж боддог.					
3. Бурхан миний амьдралд гайхамшгийг үйлдэх болно гэж найдаж байна.					
4. Ариун Сүнс дотор залбирахдаа миний дотор ариун хүсэл төрж байгааг мэдэрдэг.					
5. Бурханы өгсөн алсын хараа, хүсэл мөрөөдөл миний зүрхэнд шатаж байна.					
6. Бэрхшээл тулгарах үед үүнийг Бурханы өгсөн мөрөөдлийн найз гэж бодон тэвчдэг.					
7. Би үргэлж ирээдүй, мөрөөдлөө биелж байгаагаар төсөөлж тэсэн ядан хүлээдэг.					
8. Мөрөөдлөө биелүүлэхийн тулд дэвтэрт тэмдэглэж, нарийвчлан залбирдаг.					
9. Би мөрөөдлөө биелүүлэхийн тулд үргэлж суралцаж байна.					
10. Би үхэн үхтлээ Бурханы хүсэл мөрөөдөл, алсын харааг биелүүлэх үүрэг гүйцэтгэгч гэдэгт итгэдэг.					

Асуулт бүрийн оноог нэмнэ.
Ирээдүйдээ эерэг хандах хандлагын үзүүлэлтийн нийлбэр (_____ оноо)

“Хэл гэдэг амилуулах бас үхүүлэх хүчтэй
Хэн үүнд дурлана үр жимсийг нь хүртэнэ”

Сургаалт үгс 18:21

Бүлэг 08

Гурван төрлийн дасгалжуулалт (1): Эерэг үгээр дасгалжуулах нь

Туйлын Эерэг

Байхын Гайхамшиг

Бүлэг **08**

Гурван төрлийн дасгалжуулалт (1): Эерэг үгээр дасгалжуулах нь

"Таны хэлдэг үг таны амьдардаг байшин"

- Хафиз

Би 1964 оны 4-р сард "Ёойду Төгс Сайнмэдээ" чуулганд анх очсон. Чуулганд явж байхдаа Ён Ги Чой пастороос чихэнд хоногштол сонссон үг бий. Пастор номлол хийх бүртээ ингэж хэлдэг байв. "*Хүмүүс ээ, хэзээ ч сөрөг зүйл битгий хэлээрэй. Амьдарч чадахгүй нь, үхэх нь гэж битгий хэлээрэй. Юунд үхэх нь гэж хэлнэ вэ? Өлсөж үхэж нь, цатгалдаад үхэх нь, үхмээр гоё байна, үхмээр муухай байна. Муу байна, би үхэх гэж байна. Чи яагаад үхмээр байна гэж хэлээд байгаа юм бэ? Юунд үхэх нь гэж хэлнэ вэ? Харин амьдрах болно гэж хэлээрэй. Таны амнаас сөрөг үг гарах ёсгүй. Бид эерэг, бүтээлч үг хэлэх ёстой."* Эхэндээ тайван, инээж энэ үгсийг сонсдог байсан ч ахин дахин сонсох тусам нэг л мэдэхэд сөрөг зүйл ярьж, гомдоллохоо больсон. Эдгээр үгс сэтгэлийн гүнд шингэсэн байна.

Энэ хүртэл бид 5 төрлийн эерэг байдлын талаар сурлаа. Эдгээр нь ***өөртөө эерэг байх, бусдад эерэг байх, ажил үйлчлэлдээ эерэг байх, нөхцөл байдалдаа эерэг байх, ирээдүйдээ эерэг байх*** юм. Энэхүү 5 төрлийн эерэг байдал бодит болж, үр дүнтэй байхын тулд эерэг үгсийг тунхаглаж, дасгалжуулах нь тун чухал.

"Бодол санаа, итгэл үнэмшил, мөрөөдөл, үг хэллэгээс бүрдэх дөрвөн хэмжээст сүнслэг байдлын хамгийн дээд оргил нь үг хэллэгт байдаг" гэж пастор Ён Ги Чой хэлсэн. Бидний үг өөрчлөгдөж байж өөрийгөө, нөхцөл байдал, дуудлага өөрчлөгдөж, цаашлаад бусдыг болон ирээдүйгээ ч өөрчилж чадна. Бурхан орчлон ертөнцийн бүх зүйлийг үгээрээ бүтээж, Өөрийн дүр төрхөөр хүмүүсийг бүтээсэн. Мөн Өөрийн дүр төрхтэй хүмүүст харилцах хэлийг Бурхан өгсөн. Энэ нь Бурханы өгсөн үгийн хүчийг ашиглах боломжийг бидэнд олгодог. Амьдралдаа эерэг өөрчлөлтийг авчрахын тулд эерэг

үг хэллэгээр дасгалжуулж, тунхаглах нь чухал. Учир нь Бурхан бидний хэлсэн үгийн дагуу амьдралын үр жимсийг өгдөг. "*Уруул үр жимсийг бүтээнэ*" (Исаиа 57:19).

Бусдын хамгийн их сонсохыг хүсдэг эерэг үг

Сөүл хотын Боловсролын газраас сурагчид, эцэг эхчүүд, багш нарын хамгийн их сонсохыг хүсдэг үг юу болохыг судалжээ. Судалгааны дүн "*Маш сайн байна, үнэхээр сайн байна*" гэсэн магтаалын үгийг хамгийн их сонсохыг хүсдэг нь тогтоогджээ. Мөн Чунчонбүкдогийн Боловсролын газраас сурагчдаас хамгийн их сонсохыг хүсдэг үг юу болохыг нь асуухад, хариултуудаас хамгийн их хувийг "*Чи чадна*" гэсэн хариулт эзэлжээ. Энэ нь хүн бүр "*Сайн байна, чи чадна*" гэх мэт урам зориг өгөх, эерэг үгсийг сонсохыг хүсдэг гэдгийг харуулж байна.

Детройтын ядуусын хороололд нэг хүү төржээ. Энэ хүүг хар арьстан гэдэг шалтгаанаар сургуулийнх нь цагаан арьст хүүхдүүд гадуурхагддаг байв. Бага сургуулийн 5-р ангид орох хүртлээ үржүүлэх хүрдийг цээжилж чадаагүй тул ангидаа хамгийн муу сурагч нь болов. Гэхдээ энэ хүү хожим нь дэлхийн шилдэг эмч болсон юм. Тэр бол сиамын ихрүүдийг салгах мэс заслыг дэлхийд анх удаа амжилттай хийж 'Бурханы гартай' эмч гэж нэрлэгдэх болсон Жонс Хопкинс их сургуулийн эмнэлгийн доктор Бен Карсон. Ийм ирээдүйд хүрч чадсан шалтгаан нь ээжийнх нь хэлсэн үгнээс болсон гэдэг. *"Бен, чи хүсэх л юм бол юуг ч хийж чадна. Хичээвэл юу ч болж чадна!"* Библид *"Амныхаа үр жимсээр хүмүүний ходоод дүүрэх"* гэж хэлсэн байдаг (Сургаалт үгс 18:20). Эерэг үгс нь биднийг шинэчилж, нөхцөл байдал, ирээдүйг шинэ өнцгөөс харахад тусалдаг.

Цахилгаанчин хийж байгаад өндөр хүчдэлд цохиулж хоёр гараа алдсан аав байжээ. Гэтэл нэг өдөр дөрвөн настай хүү аав дээрээ ирээд *"Аавaa, зураг зураад өг"* гэжээ. Хүүгийнхээ гуйлтыг биелүүлэхийг хүссэн тэрээр хиймэл гараараа үзэг барьж, зураг зурах гэж оролдсон байна. Аавынхаа зурсан зурагт хүүхэд маш их баярлаж, аав нь түүнд зориулж зураг зурж байгаад зураг зурах сонирхолтой болж, зургийн талаар сурч, зураач болжээ. Энэ бол "Ink-and-wash croquis" хэмээх шинэ төрлийг анхлан бүтээсэн зураач Сог Чан Үгийн түүх юм. Хүүхдийнх нь ганц үг энэ аавын амьдралд гайхалтай өөрчлөлт авчирчээ.

Мөн солонгост *"Үгээр мянган лангийн өрийг дарна"* гэсэн зүйр үг бий. Энэ бол үгийн эерэг хүчийг харуулсан зүйр үг. Энэ зүйр үгтэй холбоотой эртний түүх бас бий. Эрт дээр үед нэгэн мал нядлагч зах дээр махны дэлгүүр нээжээ. Нэгэн өдөр хоёр түшмэл мах авахаар ирэв. Тэдний нэг нь мал нядлагчид хүндэтгэлийн бус үгээр захиалга өгөв. *"Надад хагас кг мах өг."* Мал нядлагч махыг нь огтолж, боож өглөө. Дараа нь түүний хажууд зогсож байсан өөр нэгэн түшмэл захиалгаа өгөв. *"Ким гуай, надад хагас кг мах өгөөч."* Мал нядлаач *"За, ойлголоо"* гээд түүнд анх худалдаж авсан түшмэлээс хамаагүй их хэмжээгээр өгчээ. Эхлээд мах авсан хүн уурлаад хашхирав. *"Нөхөр минь, адилхан хагас кг яагаад ийм ялгаатай байгаа юм бэ?"* гэтэл мал нядлагч ингэж хэлэв. *"Таны махыг махны худалдаачин хэрчиж өгсөн, энэ хүний махыг Ким гуай хэрчсэн тул өөр байгаа юм."*

Эерэг үгс нь бидний ирээдүйд төдийгүй хүмүүс хоорондын харилцаанд ч эерэг хүчийг гаргадаг. Эерэг итгэл нь эерэг үг хэллэгийг гаргадаг бөгөөд эерэг үг хэллэг нь бидний амьдралыг эерэг болгодог.

Сөрөг үг амархан халдварладаг

Жан Юун Жиний "Ажилдаа сайн хүмүүсийн харилцаа" номд ийм үг байдаг. *"Нохойд хазуулсан хүн хагас өдрийн дотор эмчлүүлээд буцсан. Могойд хатгуулсан хүн 3 хоног эмчлүүлээд буцсан. Гэтэл хүний үгэнд хатгуулсан хүн одоо болтол эмнэлэгт хэвтэж байна."* Энэ бол сөрөг үгийн хүчийг харуулсан үг юм.

Талмудад *"Бусдыг гутаасан сөрөг хов жив зайлшгүй гурван хүний аминд хүрдэг"* гэсэн байдаг. Тэр нь хов жив тарааж байгаа хүн, түүнийг эсэргүүцэхгүйгээр сонсож байгаа хүн, хов живийн гол дүр болох хүн.

EBS мэдээллийн сувгаас нэг удаа "Хараалын үгийн эсрэг довтолгоо" нэртэй видеог цацжээ. Видео туршилтад оролцогчдод 12 үгийг сонсгоод, тэдгээрийг цээжилж бичихийг хүсжээ. Оролцогчдод эерэг, сөрөг, хориотой үг, хараал, төвийг сахисан тус бүр гурван үгийг харуулжээ. Оролцогчид үг бүрийг санах гэж их хичээсэн ч хориотой үг, хараал гарч ирэнгүүт өмнөх үгсээ мартсан байна. Бичлэгээс харахад хараалын үг бусад үгнээс дөрөв дахин удаан бодогдож, уур уцаар, айдас зэрэг мэдрэмж төрүүлдэг сэтгэл хөдлөлийн тархины хэсэгт хүчтэй нөлөөлж, эргэцүүлэн бодох тархины үйл ажиллагааг саатуулдаг байна. Хүмүүсээс яагаад хараалын үг хэрэглэдгийг асуухад 25.7% нь зуршил, 18.2% нь бусад хүмүүс хэрэглэдэг учраас, 17% нь үгээр стрессээ тайлахын тулд гэж хариулжээ. Хүмүүс сөрөг үг хэллэгээс хэр их нөлөөлөл авдгийг энэ туршилт тодорхой харуулж байна.

Израильчууд Канаан нутаг руу орохын өмнө Парааны цөл дэх Каде Зефаниагаас 12 тагнуулыг сонгож, тагнуулахаар илгээв. Гэтэл Иошуа, Калеб хоёроос бусад 10 тагнуулын хэлсэн сөрөг үгс тэдний урам зоригийг хугалж орхив (Тооллого 14:1-4). Бүх ард түмэнд сөрөг үг халдварласнаас болж сэтгэлээр унаж, уйлж унжин, удирдагчид болох Мосе, Аарон нарыг буруутгаж байв. Үнэндээ эдгээр сөрөг үгс, гомдол нь тэднийг Египетээс аварсан Бурханы эсрэг гомдол байлаа. Тиймээс Бурхан "*Би амьд! Та нар Миний чихэнд ярьсантай адил түүнчлэн Би та нарт үйлдэх болно*" гэсэн юм (Тооллого 14:28). Тэдний хэлсэн сөрөг үгсийн дагуу, буруутгаж, гомдоллосон зүйлийнх нь дагуу Бурхан хариугаа өгсөн. Эцэст нь Иошуа, Калеб хоёроос бусад нь Канаан руу орж чадалгүй цөлд үхэцгээсэн юм.

"*Хэл гэдэг амилуулах бас үхүүлэх хүчтэй Хэн үүнд*

дурлана цр жимсийг нь хцртэнэ" (Сургаалт үгс 18:21) Бид сөрөг үгний халдварт автаж болохгүй. Сөрөг үгийг хэлж ч, сонсож ч, дамжуулж ч болохгүй. Сөрөг үгс нь Бурханы ажлыг хязгаарладаг. Бурханы Хүү Есүс төрсөн нутаг болох Назарт эдгээх үйлчлэл, гайхамшгуудыг үзүүлж чадаагүй гэдгийг бид санах ёстой.

> "Есүс тэдэнд: - Эш үзүүлэгч нь төрөлх нутаг, төрөл садангийнхаа дунд болон гэрийнхнээсээ өөр газар хүндлэгдэхгүй байх нь үгүй гэж айлдав. Тэнд Тэр хэдэн өвчтөн дээр мутраа тавьж эдгээснээс өөр хүчит гайхамшгийг үйлдэж эс чадав. Тэдний итгэлгүйд Есүс гайхаж байлаа. Тэгээд Тэр эргэн тойрны тосгодоор явж, сургаал заав" Марк 6:4-6

Есүсийг *"хцчит гайхамшгийг цйлдэж эс чадав"* гэж Библид бичжээ. Энэ нь төрсөн нутгийнхны итгэлгүй байдал, сөрөг үгсээс болсон юм. *"Энэ чинь Мариагийн хцц, мужаан биш бил цц? Иаков, Иосеф, Иуда, Симон нарын ах биш цц? Охин дцц нар нь бидний хамт байгаа биз дээ? гэж Тццнд бцдрэн унтуущав"* (Марк 6:3). Хэдийгээр Бурханы Хүү Есүс тэнд Өөрийн биеэр ирсэн ч Эзэний нигүүлсэл, хайр, гайхамшгуудыг үзэх боломжоо тэд алджээ. Юутай харамсалтай хэрэг вэ!

Бид ч мөн адил. Гайхамшигт Эзэн бидний дунд ирсэн ч бид сөргөөр сэтгэж, сөргөөр яривал ямар ч ивээл, гайхамшгийг мэдрэхгүй. Сөрөг бодол нь сөрөг үгсийг төрүүлдэг. Сөрөг итгэл нь сөрөг үгсийг төрүүлдэг бөгөөд сөрөг үгс нь Бурханы гайхамшгийг хааж, ирээдүйг маань харанхуй болгодог.

Эерэг үгийн хүч

Бурханы үг бол ‘амийг үргэлж авардаг үг’ юм. Бурхан үгээрээ ертөнцийг бүтээсэн. Бурханы үгээр бүтээгдсэн ертөнц Түүний нүдэнд үзэсгэлэнтэй, сайхан байсан (Эхлэл 1:31). Өөрийнх нь хань болох Еваг Бурхан бүтээхэд Адам түүнд *“Энэ чинь л яснаас минь авсан яс Махнаас минь авсан мах юм”* гэж эерэг, хайрын хэлээр хашхирсан билээ (Эхлэл 2:23).

Гэтэл нүгэл үйлдсэний дараа сайхан эерэг үгс нь нүглээ нуудаг, бусдыг гүтгэдэг, алдаагаа далдалдаг сөрөг үг болон хувирсан.

“хүн: - Өнөөх эмэгтэй, надтай хамт байлгахаар Таны

надад өгсөн тэр л надад нөгөө модны жимснээс өгсөн. Тэгээд л би идсэн гэж хэлэв. ЭЗЭН Бурхан тэр эмэгтэйд: - Чи юу хийчих нь энэ вэ? гэсэнд тэр эмэгтэй: - Тэр могой, тэр л намайг мэхэлснээс болоод би идсэн гэв" Эхлэл 3:12-13

Гэм нүгэлд унаснаас хойш хүн төрөлхтөн тасралтгүй сөрөг үг, үхүүлэх үгсээр дэлхий ертөнц болон бусдынхаа харилцааг сүйрүүлсэн. Гэсэн хэдий ч сайн Бурхан Өөрийн цорын ганц хүү Есүсийг илгээж, сөрөг үг хэллэгээр дүүрэн ертөнцийг эдгээж эхлэв.

Есүс бол махбод болж ирсэн Үг юм (Иохан 1:1, 14). Бурханы Үг болох Есүс хаа ч явсан хүмүүст сайнмэдээг тунхагласан. Тэр хүмүүсийг эдгээж, аварсан. Тэрээр нас бараад дөрөв хоножбайсан Лазарын булшинд очоод "*Лазар, гараад ир*" гэж хашхиртал үхсэн Лазар үхлээс амилсан билээ (Иохан 11:43).

Есүсийн үг бол амилуулдаг. Үхлийн хүчийг ч дийлдэг. Хэрэв бид Есүсийг дагаж, Түүн шиг байхыг хүсвэл бусдыг хөнөөдөг сөрөг үг биш харин бусдыг аврах үг хэллэгийг ашигладаг байх ёстой.

Ах дүү Тамми, Жимми нар АНУ-ын Мичиган мужийн Жексон дахь Гэгээн Жозефын асрамжийн газарт амьдардаг байжээ. Ах Жимми нь дунд сургуулийн насанд хүрээд өргөмөл эцэг эхтэйгээ амьдрахаар явсан бөгөөд тэр хоёр салахаас өөр аргагүй болов. Дүү Тамми нь ч гэсэн үрчлэгдэж, дунд ангийн сурагч болсон ч асуудалтай хүүхэд болж, эцэстээ сургуулиасаа хөөгджээ. Гэвч хөөгдөөд сургуулийн хаалгаар гарч явтал түүнийг асрамжийн газарт удирдаж байсан Беррада гэлэнмаагийн хэлсэн үг гэнэт санагдав. "*Бурхан чамайг хэзээ ч орхихгүй. Шаргуу хөдөлмөрлөж, том одыг шүүрч аваарай.*" Тамми зориг орж, пиццаны газар ажилд орсон бөгөөд шаргуу суралцсаны эцэст 11 секундийн дотор пицца зуурах гайхалтай ур чадвартай болжээ. Тэрээр хожим нь одоо АНУ-ын хоёр дахь том пиццаны сүлжээ болох Domino's Pizza-г үүсгэн байгуулсан юм. Domino's Pizza-г үүсгэн байгуулагч Томас Монаган нь нэгэн цагт сургуулиасаа хүртэл хөөгдөж байсан асуудалтай хүүхэд байж шүү дээ.

Библид "*Ярьдаг нь Бурханы илэрхийллээр яриг*" гэж хэлдэг (1Петр 4:11). Миний хэлсэн нэг үг бусдад зориг, итгэл найдвар төрүүлж чадна. Юу ч хэлсэн тэр нь бусдыг урамшуулж, авардаг зүйл байх ёстой. Бид амийг аврах үгсийг хэлэхийн тулд Ариун Сүнсээр дүүрэхийг хүсэн хүлээж, Бурханы эерэг үгийг өөртөө шингээх ёстой.

Ариун Сүнсээр дүүрэхэд хэл яриа өөрчлөгддөг

Эерэг итгэлийн үгийг ашиглах нь зөвхөн хүний хүсэл, хичээл зүтгэлээр бүтдэг зүйл бишээ. Ариун Сүнсний тусламжийг эрэлхийлэх ёстой. Ариун Сүнсээр дүүрэн байхыг хичээнгүйлэн эрэлхийлэх ёстой. "*Сүнсээр дүүрэгтүн*" гэсэн грек үг нь идэвхгүй, одоо цаг дээр бичигдсэн байдаг (Ефес 5:18). Намайг Ариун Сүнс дүүргэж байгаа болохоос би Ариун Сүнсээр дүүр ч байгаа зүйл огтхон ч биш. Ариун Сүнсээр дүүрсэн хүмүүс алдаа гаргадаг учир нь Ариун Сүнсний ерөөл хөрсөндөө бус "гал" хөрсөнтэй холбоотой.

Намайг АНУ-д пастор хийж байхад Ан Дун Ху гэдэг ахмад байсан юм. Кэймюнг их сургуулийн мэс заслын эмч байсан тэрээр надад үргэлж "*Пастораа, машиныхаа түлш дуусахыг хүлээх хэрэггүй. Харин үргэлж дундаас доошлохоор нь дүүргэж байгаарай. Хэрвээ ёроолдоо ортол дуусчихвал дараа нь асуудалд орж мэднэ*" гэж захидаг байлаа. Би тэр үгийг нь сонссон авч тоогоогүй тул мартсан юм. Гэтэл нэг өдөр хол явж айлчлал хийгээд буцаж явтал машины түлш дуусаад зогсож орхилоо. Гэнэт зам дээр зогсоод хэцүү байдалд орсондоо.

Аз болоход хурдны зам биш байсан тул замын хажууд орхиод, шатахуун түгээх станц руу гүйж очоод бензиний саванд бензин хийж авч ирээд дүүргэж байснаа санаж байна.

Хэдийгээр бид Ариун Сүнсийг хүлээн авсан ч гал унтарч, ерөөл хөрөхөд ингэж болох юм. Ивээлийн замдаа гэнэт зогсож, бүтэлгүй байдалд орж болно. Нүгэл үйлдэж, алдаа гаргаж болно. Ариун Сүнсээр дүүрсэн эсэхийг мэдэх нэг арга бол хэл яриаг нь анзаарах билээ. Ариун Сүнсний ивээл хөрөх үед бидний амнаас сөрөг үгс, буруутгалын үгс, дургүйцлийн үгс, гомдлын үгс их гардаг. Харин Ариун Сүнсээр дүүрэх үед магтаал, талархлын үгс бялхах болно.

> "Дарсанд бүү согтуур. Эс бөгөөс хэт самуурал буй. Харин Сүнсээр дүүр. Ингэхдээ дуулал, магтуу ба сүнслэг дуунуудаар өөр хоорондоо ярилцаж, Эзэнд хандаж зүрхэндээ дуулж,ая дуу зохиож..." Ефес 5:18-19

Эерэг үгс, магтаал, талархал, алсын хараатай үгс бидний амнаас гарахын тулд бид Ариун Сүнсээр дүүрэхийг хүсэн, залбирах ёстой. Мөн Бурханы үгийг зүрх сэтгэл, амандаа оруулах нь чухал.

Бурханы үгийг өөрийн болго

Бурхан бол туйлын эерэг Бурхан тул Түүний үгс үргэлж эерэг байдаг. Бид эдгээр үгсийг уншиж, бясалгаж, цээжилж, өөртөө шингээж авснаар эерэг итгэлтэй хүн болж өөрчлөгдөж чадна. Библи бидэнд Бурханы үгийг зүрхнийхээ самбарт бич гэж тушаасан.

> "Хүү минь, үгийг минь сахь. Тушаалуудыг минь дотроо нандигнаж яв. Тушаалуудыг минь сахиж амьдар. Хууль зааврыг минь нүдний цэцгий мэт Эдгээрийг хуруунууддаа ороо, Тэдгээрийг зүрхнийхээ самбарт бич" Сургаалт үгс 7:1-3

'Сийлэх' гэдэг нь чулуу, төмөр гэх мэт зүйл дээр үг бичихэд хэрэглэдэг үг. Бурханы үгийг зүрх сэтгэлийн самбартаа сийл гэдэг нь зөрүүд гөжүүд, чулуу шиг зүрх сэтгэлдээ Бурханы үгийг гүн сийлэх мэт нандигна гэсэн утгатай. Сөрөг, зөрүүд, гөжүүд зүрхэндээ Бурханы үгийг оруулъя гэвэл булшны чулуун дээр үг сийлдэг шиг хүч гаргах ёстой. Хүний ой санамж амархан мартдаг тул чулуун дээр үг сийлэх мэт үгийг сийлж, мартахгүй байх ёстой гэсэн утгатай.

Үүнтэй холбогдуулан Библийг бясалгаж, цээжлэх нь Бурханы үгийг өөртөө шингээх үр дүнтэй арга. Нэг сэтгэл судлаач хэлэхдээ "*Хүний ой санамж хязгаарлагдмал байдаг. Хэрэв та ямар нэг зүйлийг зүгээр л сонсвол 24 цагийн дараа 8%-г нь л санах бол, тэмдэглэлийн дэвтэрт бичиж байхдаа сонсвол 25% нь үлдэнэ. Үүнийг сайн бодож, давтвал 58%-г нь санах ба цээжилбэл бараг бүгдийг нь санах болно.*" Сөрөг бодол төрж, хүнд хэцүү нөхцөл байдалтай тулгарах үед Бурханы эерэг үгсийг бясалгаж, цээжээр уншвал сөрөг сэтгэл хөдлөл, хэл яриагаа удирдаж, Бурханы хүслийг биелүүлэх боломжтой болно.

Америкийн иргэн Жеремиа Дентон Вьетнамын дайнд долоон жил олзлогдсон юм. Тэрээр долоон жилийн турш ихэнх хугацааг ганцаараа хоригдож, туйлдаа хүртлээ эрүү шүүлтэд орж өнгөрүүлжээ. Гэсэн хэдий ч тэрээр дараа нь суллагдаж, амьд үлдээд зогсохгүй Алабама мужаас АНУ-ын сенатчаар сонгогдсон юм.

Дентон олзонд байх үедээ зовлон, уйтгар гунигийг хэрхэн даван туулж чадсан бол? Тэрээр амьд үлдсэн шалтгаанаа "үг цээжилснийх" гэж онцолсон юм. Цээжилсэн байсан Бурханы үгээ үргэлж бясалгаж, бодсон байна. Эрүү шүүлт, хавчлагын зовлонг тэрээр

Бурханы үгээр даван туулжээ. Үгийг тунгааж, эргэцүүлэн бодох нь түүний сүнслэг зэвсэг байв. Түүнтэй ярилцаж, түүнд тусалсан Бурханы ивээл, хүч чадлын талаар бясалгаснаар бүх бэрхшээлийг даван туулж чадсан бөгөөд Библиэс цээжилсэн эшлэлүүд нь түүний залбирал болсон юм. Ингэж Бурханы үгийг бодож, залбирах үед бидний зүрх сэтгэл дэх түгшүүр, айдас арилж, эерэг итгэл төрдөг.

Тунхаглахын хүч

Есүс Иерусалим дахь сүм рүү явахдаа инжрийн мод руу харжээ. Модонд жимс байгаагүй тул тэр модыг хараав. "*Есүс тэр модонд —Чамаас хэн ч хэзээ ч дахиж жимс бүү идэг! гэв. Шавь нар нь сонсож байлаа*" (Марк 11:14). Үүнээс бид Есүс модтой ярьж байсныг мэдэх ёстой. Есүсийн хэлснээр инжрийн мод хараагдсан бөгөөд жимс ургуулж чадахгүй болсон.

Энэ ертөнцөд байгаа бүх зүйл итгэлийн хүмүүсийн хэлсэн үгсийн хүчээр захирагддаг. Иошуа нарыг зогсохыг тушаасан (Иошуа 10:12), Есүс давалгаа, салхи хоёрт намдахыг тушаасан (Марк 4:39). Бид ч мөн бие махбод, өвчин эмгэг, нөхцөл байдал, ирээдүйнхээ талаар тушаан залбирч чадна.

Энэтхэг илгээлтийн эзэн гэдгээрээ алдартай, методист урсгалын Стэнли Жонс 69 насандаа саа өвчин тусаж, ухаан алджээ. Тэгээд Америктаа очиж эмчилгээ хийлгэсэн ба эмч нар бүгд ингэж хэлж байв. “*Нас өндөр, тархины судас нь хагарч, саа өвчтэй тул тэр дахин босож чадахгүй байх.*” Гэвч тэр эрэг, идэвхтэй үгсийн хүчинд итгэдэг хүн байжээ. Тэрээр өрөөндөө орж ирж буй сувилагч, эмч нараас ингэж гуйсан байна. “*Өглөө орж ирэхдээ өглөөний мэнд, оройдоо сайхан амараарай гэж бүү хэл. Харин өглөө эсвэл орой орж ирэхдээ надад ‘Стэнли Жонс, Есүсийн нэрээр бос!’ хэмээн тунхаглаж өгөөч.*”

Тэд “*Номлогч оо, бид пастор биш байж яаж ийм зүйл хэлэх вэ?*” гэж хариулахад тэрээр уурлаж, “*Хэрэв тэгж хэлэхгүй бол би энэ эмнэлгээс гарна*” гэж хэлэв. Яаж ч чадахгүй эмч, сувилагч нар түүнийг харах бүртээ “*Стэнли Жонс, Есүсийн нэрээр бос!*” гэж тунхагладаг болов. Гэтэл гайхалтай зүйл тохиолдлоо. Бүх эмч нар түүнийг босож чадахгүй гэж хэлсэн ч “*Есүсийн нэрээр бос гэж тушааж байна*” гэж байнга хэлсний эцэст босож чадсан юм. Дараа нь тэр Энэтхэгтээ буцаж очоод, мөнхийн улсад очихоосоо өмнө дахин 20 жил үйлчилжээ. Үүнчлэн Бурханы эерэг үгэнд итгэж, тунхаглахад гайхалтай хүч чадал, гайхамшгууд бий болдог.

Хэрэв та бүхний дунд өвчтэй хүн байгаа бол эдгэрлийн тухай Библийн үгийг барьж, нэрээ оруулан тунхаглаарай. *"Есүсийн шархаар .... эдгэрсэн"* (Исаиа 53:5). Хэрэв таны амьдралд хүнд дарамт байгаа бол дараах эшлэлд өөрийнхөө нэрийг оруулан тунхаглаарай. *"Зүдэж зүтгэгсэд хийгээд хүнд ачаа үүрсэн .... ээ, Над дээр ир. Би ....-г амраая"* (Матай 11:28). Ийм байдлаар Бурханы зохих үгийг цээжилж, бясалгаж, өөрийн нэрийг оруулан тунхаглан залбирах нь үр нөлөөтэй байдаг.

Эерэг үгээр тунхаглахыг зуршлаа болго

АНУ-ын Дьюкийн их сургуулийн эрдэмтдийн хэвлүүлсэн нийтлэлээс үзвэл бидний өдөр тутамд хийдэг сонголтуудын 40% нь шийдвэр гаргах үйл явц гэхээсээ илүү дадал зуршлаас шалтгаалдаг байна. Сэтгэл зүйч Виллиам Жеймс мөн *"Бидний амьдрал зуршлаас бүрддэг"* гэж хэлсэн. "Нью-Йорк Таймс" сонины сэтгүүлч Чарльз Духиг "Дадлын хүч" номдоо ингэж хэлжээ. *"Үндсэн дадал зуршил чухал. Таны үндсэн дадал зуршил өөрчлөгдөж эхлэхэд бусад дадал зуршлууд дагаад өөрчлөгдөж, шинэчлэгдэж болно... Хүсэл зориг ч бас зуршил юм. Хүсэл зориг бол зүгээр нэг ур чадвар биш. Энэ нь гар, хөлийн булчинтай төстэй тул хэрэв та үүнийг хэт их ашиглавал ядарч сульдана... Тиймээс хэрэв таны үндсэн зуршилд хүсэл зориг байгаа бол үр дүнтэй зуршил бий болгож чадна.*"

"Садлбэк" чуулганы пастор Рик Уоррен мөн сүнслэг дасгалжуулалт, дадал зуршлын ач холбогдлын талаар ингэж хэлсэн байдаг. "*Хүмүүсийг Христийн үлгэр жишээг дагахыг албадах нь түр зуурынх байж болох ч энэ нь урт хугацаанд үр дүнд хүрэхгүй. Тэднийг өөрсдийн сүнслэг төлөвшлийн төлөө хариуцлага хүлээдэг болгох цорын ганц арга бол итгэлийг зуршил болгохыг тэдэнд заах явдал юм. Итгэл нь зуршил болж эхлэх үед тэд өөрсдөө хөдөлдөг.*"

Дээрх үгсийг дүгнэж үзвэл сүнслэг хүсэл эрмэлзэлтэй байж, итгэл гэх үндсэн зуршлыг бий болгох нь маш чухал. Ариун Сүнсний дүүргэлтийг хүсэн залбирах, Бурханы үгийг өдөр бүр уншин бясалгаж, цээжилж, өөртөө шингээх, надад хүч чадал өгдөг Бурханы эерэг үгийг итгэлээр тунхаглах зэргийг үндсэн зуршлаа болгох ёстой. Бидний өдрийн түлхүүр гэж хэлж болох өглөө босоод, орой унтахдаа эдгээр дадал зуршлуудыг хэрэгжүүлж хэвшвэл туйлын эерэг байдлын гайхамшиг бидэнд тохиолдох болно.

Эерэг үгээр тунхаглах жишээ

Дараах тунхаглал нь жишээ өгүүлбэр юм. Өөрт тохирсон тунхаглалыг бүтээж, "Есүс Христийн нэрээр" эерэг үгсийг тунхаглаад үзээрэй.

A declaration of affirmation of oneself

- Би бол Бурханы онцгой хайртай хүүхэд!
- Би бол үнэ цэнтэй, үзэсгэлэнтэй, эрхэм нандин, Бурханы ажилчин
- Миний бүх санаа зовнил, түгшүүр арилж, тэнгэрийн амар амгалан ирэх болно!
- Миний бүх сул тал үгүй болж, хүчирхэг болох болтугай!
- Миний залбирлын бүх сэдвүүд хариулагдах болтугай!
- Өнөөдөр сайхан зүйл тохиолдож, баяр баясал, ивээлээр дүүрэн байх болтугай!
- Надаар дамжуулан олон хүн ерөөгдөх болтугай!

Бусдын талаар эргээр тунхаглах нь:

- Эцэг эх дээр минь амар амгалан, эрүүл энхийн ерөөл буух болтугай!
- Хань, үр хүүхдийн минь итгэл улам өсөж, бүх зүйл дээр ерөөл буух болтугай!
- Өнөөдөр ч бас уулзсан хүмүүстээ урмын үг, магтаалын үг хэлсээр байх болтугай!
- Намайг дэмжиж, урам хайрладаг хүмүүс нэмэгдэх болтугай!
- Өнөөдөр ч бас уулзсан хүмүүстээ элдэг харьцах болтугай!
- Өнөөдөр ч бас бусдыг тэвэрч, уучлах болтугай!
- Өнөөдөр ч бас ярихдаа эерэг үг хэлэх болтугай!

Эерэг үгээр тунхаглах жишээ

Ажил, дуулагынхаа эерэгээр төлөө тунхаглах нь:

- Ажлын байраараа дамжуулан Бурханы дуудлагыг ухаарах болтугай!
- Бурханы хаанчлал ба ивээл миний ажлын байранд ирэх болтугай!
- Ажлын газрын хамт олон Есүст итгэж, аврагдах болтугай!
- Миний ажилд (бизнес) саад болж буй муу ёрын сүнснүүд зайлах болтугай!
- Өнөөдөр ч бас баяр хөөр, талархалтайгаар ажиллах болтугай!
- Өнөөдөр ч бас зүтгэлтэйгээр, чин сэтгэлээсээ ажиллах болтугай!
- Төлөвлөж, зорьсон бүхэн бүтэмжтэй байх болтугай!

Асуудлынхаа талаар эергээр тунхаглах нь:

- Асуудлаар дамжуулан Бурханы хүслийг ойлгох болтугай!
- Амьдралын бүх саад бэрхшээл нээгдэх болтугай.
- Миний (танилын) өвчин эдгэрэх болтугай!
- Санхүүгийн асуудал шийдэгдэж, ахиц дэвшил гарах болтугай!
- Хүмүүс хоорондын зөрчилдөөн арилж, ерөөл ирэх болтугай!
- Асуудлын дунд тэвчээр, даруу байдалд суралцах болтугай!
- Бүх зовлон зүдгүүр хамтдаа сайны төлөө ажиллах болтугай!

Эерэг үгээр тунхаглах жишээ

Чуулганыхаа талаар эргээр тунхаглах нь:

- Чуулганы маань бүх хүндэтгэл, магтан дуулал, залбирал халуун, ерөөлөөр дүүрэн байх болтугай!
- Ахлах пастор Ариун Сүнс, номлолын урам зориг, алсын хараагаар дүүрэн байх болтугай!
- Бүх үйлчлэгчид чуулгандаа даруу байдал, чин сэтгэл, хайраар үйлчлэх болтугай!
- Бүх итгэгчдийн зүрх сэтгэлд сүнслэг сэргэлт ирэх болтугай!
- Чуулганы гишүүд Эзэн дотор нэгдэх болтугай!
- Итгэгчид сайнмэдээг түгээж, чуулган сэргэх болтугай!
- Зөвхөн Бурханы алдрыг харуулсан чуулган болох болтугай!

Ирээдүйнхээ талаар эргээр тунхаглах нь:

- Ирээдүйдээ хүлээлт, итгэл найдвараар дүүрэн байх болтугай!
- Миний замыг хааж буй бүх саад бэрхшээл, Сатан зайлах болтугай!
- Залбирахдаа Ариун Сүнсээр дүүрч, ариун хүсэл тэмүүлэлтэй байх болтугай!
- Мөрөөдөл, алсын хараагаа зурж, нарийвчлан залбирах болтугай!
- Бурханы мөрөөдлийг биелүүлэх хамтрагч ирэх болтугай!
- Миний замд таарсан бүх зүйлс хамтдаа сайны төлөө ажиллах болтугай.
- Миний амьдралд төлөвлөсөн Бурханы алсын хараа биелэх болтугай!

Positivity Quotient Check List

Туйлын эерэг байдлаа шалгах хүснэгт ☑

Таны эерэг үгийн үзүүлэлт (PQ) хэд вэ?

Өгөгдлүүдийг уншаад тохирох нүдийг чагтална уу!

Хэмжих асуултууд	Огт тийм биш	Тийм биш	Ихэнхдээ	Тийм	Яг тийм
	1 оноо	2 оноо	3 оноо	4 оноо	5 оноо
1. Сөрөг үгс амнаас минь гардаггүй.					
2. Би бусдад урмын үг, сайшаалын үгийг байнга хэлдэг.					
3. Өөрийнхөө тухай эергээр бодож, ерөөж, тунхагладаг.					
4. Итгэлгүй байдал эсвэл сөрөг үгс нь Бурханы ажил эсвэл гайхамшигт саад болдог гэдэгт би итгэдэг.					
5. Бусдыг ерөөх үгсийг байнга хэлдэг.					
6. Би үргэлж Бурханы үгийг уншиж, бясалгадаг.					
7. Бурханы үгийг цээжилж залбирах юмуу эсвэл зохих нөхцөл байдалд ашигладаг.					
8. Би бусдад итгэл найдвар төрүүлэх эсвэл тэднийг аврах үгсийг их хэлдэг.					
9. Бурханы алсын харааг дэвтэрт тэмдэглэж, зав гарах бүрт тунхагладаг.					
10. Итгэлийн үгс хүч чадалтай гэдэгт итгэж, өвчин, бэрхшээлийн талаар тушаан, тунхаглаж залбирдаг.					

Асуулт бүрийн оноог нэмнэ.

Эерэг үгийн үзүүлэлтийн нийлбэр (_____ оноо)

“Бүх зүйлд талархлаа өргө.
Учир нь энэ бол та нарын төлөөх
Христ Есүс дэх Бурханы хүсэл мөн”

1Тесалоник 5:18

Бүлэг 09

Гурван төрлийн дасгалжуулалт (2): Үргэлж талархлаар дасгалжуулах нь

Туйлын Эерэг
Байхын Гайхамшиг

Бүлэг **09**

Гурван төрлийн дасгалжуулалт (2): Үргэлж талархлаар дасгалжуулах нь

> “Бурханы оршдог хоёр газар бий.
> Нэг нь диваажин, нөгөө нь талархдаг сэтгэл юм”
>
> **- Айзек Волт**

Би нэг удаа чуулганыхаа үйлчлэгч Кангийн гэрт зочилсон юм. Ерэн нас хүрч буй түүний ганцаараа амьдардаг нэг өрөөнд ороход анхилуун үнэр биднийг угтлаа. Чуулганы ахлах пастор айлчилна гэдгийг сонссон тэрээр ямар нэг зүйлээр дайлах гэж шарсан амтат төмс бэлдсэн байв. Айлчлалын үеэр юу ч бэлдэх хэрэггүй гэж би үргэлж хэлдэг ч түүний сэтгэлээсээ бэлдсэн шарсан амтат төмсийг идэхгүй байж чадсангүй. Тэр өдөр би Дуулал 23-р бүлгээр үгийг дамжуулж, дэлхийн хамгийн амттай шарсан төмс идэнгээ ярилцсан юм.

Хүний нүдээр харахад түүний нөхцөл байдал тийм ч сайн биш байсан. Гэсэн хэдий ч тэрээр Есүсийн ивээлээр амар амгалан амьдарч байгаадаа үнэхээр талархаж байгаагаа хэлээд, бэлдсэн талархлын өргөлөө өргөв. Нэг өрөөнд ганцаараа амьдарч байсан ч талархлын баяр баясгалангаа алдаагүй түүнийг хараад талархал хаанаас ирдгийг би дахин ойлгосон. Талархал нь хангалуун байдлаас бус харин Эзэний оршдог зүрх сэтгэлээс ирдэг юм. Эзэн зүрх сэтгэлд минь орших үед тэнгэрлэг амар амгалан ирдэг. Хэрэв та ийм амар амгалан дотор байвал өндөр уул ч бай, хээр тал ч бай, майхан ч бай, ордон ч бай хаана ч байсан талархлаа илэрхийлэх боломжтой.

Талархал бол аз жаргалын түлхүүр

Сайнмэдээг дэлхий даяар түгээн дэлгэрүүлж, хөгжлийн бэрхшээлтэй хүмүүст зориулсан үйл ажиллагаа явуулдаг “Дөрвөн мөчгүй амьдрал” байгууллагын захирал бол Австралийн пастор Ник Вуйчич. Пастор аав, сувилагч ээжийн дундаас төрсөн тэрээр фокомели(phocomelia) хэмээх өвчний улмаас богино зүүн хөлийг эс тооцвол хоёр гар, баруун хөлгүй төржээ. Төрөхөд нь хамт байсан бүх сувилагч уйлсан гэдэг. Тэгээд тэд эцэг эхэд нь хүүхдээ хөгжлийн бэрхшээлтэй хүмүүст зориулсан газарт даатга гэж зөвлөжээ. Гэвч түүний эцэг эх бууж өгөөгүй. Багад нь түүнийг хүүхдүүд дээрэлхэж, хүнд сэтгэлийн хямралд орсон тэрээр 8 настайгаасаа эхэлж амиа хорлох талаар боджээ. Гэвч гэр бүлийнх нь хайр, Бурхантай учирсан нь түүний амьдралыг өөрчилсөн юм.

Тэр өөрт байхгүй зүйлдээ анхаарлаа төвлөрүүлэхийн оронд байгаа зүйлдээ анхаарлаа төвлөрүүлж, талархаж эхэлсэн. Хөгжлийн бэрхшээлд хязгаарлагдахгүйгээр гольф, усанд сэлэх, серфинг, морь унах гэх мэт янз бүрийн спортыг туршиж үзсэн бөгөөд одоо ч өөрийгөө байнга сорьсоор байна. Тэрээр ийнхүү өчжээ. “*Бид хэзээ аз жаргалтай болох бол гэж санаа зовдог. Гэхдээ энд, одоо байгаа зүйлдээ талархах үед аз жаргал аль хэдийн эхэлсэн байдаг.*”

“Талархал ажлыг баяр хөөртэй болгодог” номын зохиолчид И Ми Ён, Ким Ман Сог, Ким Бёнг Үг нар ‘HAPPY’ гэдэг үгийг бүрдүүлдэг үсгүүдээр дараах агуулгыг бүтээжээ.

H – Habit - Зуршил

A – Appreciation - Талархал

P – Pleasure - Таашаал

P – Present - Одоо

Y – Yourself- Өөрөө

Товчхондоо аз жаргал гэдгийг 'яг одоо та баярлаж талархах дадал зуршил' гэж илэрхийлсэн юм. Амьдрал маань хичнээн сайхан зүйлээр дүүрэн байвч талархахгүй бол аз жаргал биднээс хол байх болно. Харин бид хүнд хэцүү нөхцөлд ч гэсэн талархаж чадвал бидний амьдрал аз жаргалтай болдог. Тиймээс бид ямар ч байдал, ямар ч нөхцөлд талархах ёстой. Паулын зөвлөснөөр бид бүх зүйлд Бурханд талархаж амьдрах ёстой (1Тесалоник 5:18).

'Одоо' талархаарай. Ямар ч нөхцөлд талархах зүйлийг олдог байхын тулд өөрийгөө дасгалжуул. Талархалтай байх үед бидний амьдрал үнэхээр ерөөлтэй, амжилттай, аз жаргалтай байх болно.

Тэр газар шорон юм уу?
Сүм хийд юм уу?

Энэ агуулга гэмт хэргийн сэтгэл судлаач доктор Дэвид Соперын "Зугтах аргагүй Бурхан" номд гардаг. "*Шорон болон сүм хийдийн ялгаа нь гомдол болон талархал. Энэ бол тодорхой үнэн. Шорон дахь хоригдлууд сэрүүн байхдаа үргэлж гомдоллодог. Эсрэгээрээ сайн дураараа өөрсдийгөө сүм хийдэд хорьдог гэгээнтнүүд сэрүүн байхдаа үргэлж Бурханд талархдаг. Хэрвээ хоригдлууд талархлын ачаар гэгээнтэн болбол шорон сүм хийд болж, гэгээнтнүүд талархлыг орхивол сүм хийд шорон болох болно.*"

Энэ бол үнэхээр гайхалтай ухаарал юм. Шорон, сүм хийд нь амьдралын хэв маягийн хувьд тийм ч их ялгаатай биш. Гэтэл нэг газар нь гомдол, дургүйцэл дүүрэн байхад нөгөө газар нь баяр хөөр, талархал дүүрэн байдаг. Энэ мэтээр бид хаана ч байсан, ямар ч нөхцөл байдалтай тулгарсан зүрх сэтгэлээс маань шалтгаалан хоригдол шиг эсвэл гэгээнтэн шиг амьдарч чадна. Намайг гэсэн Бурханы хайр, миний амьдралын сөрөг талыг эерэг болгон өөрчилсөн Есүсийн загалмай, надтай хамт байж, тусалдаг Ариун Сүнсний хүчинд талархаж амьдрах үед бидний оршин байгаа газар ариун сүм болж, амьдрал маань гэгээнтний амьдрал болно.

Библид талархлын магтаалаар шоронгийн хаалгыг нээсэн түүх гардаг. Паул, Силас хоёр сайнмэдээг тунхаглаж яваад зөнч эмэгтэйгээс муу ёрын сүнсийг нь хөөн зайлуулсан хэргээр зодуулж, хөлөө гинжлүүлж, шоронд хаягддаг. Гэсэн ч Паул, Силас хоёр гомдоллоогүй, Бурханыг буруутгаагүй. Өөрт нь хор хүргэсэн хүмүүсийг үзэн ядаж, хараагаагүй. Харин ч Бурханд залбирч, магтан алдаршуулсан. Тэдний магтаал бусад хоригдлуудад ч сонсогдсон. Тэгээд юу болсон бэ?

> "Шөнө дундын үед Паул, Силас хоёр залбирч, Бурханд магтуу дуулж байгааг хоригдлууд сонсоцгоож байлаа. Тэгтэл гэнэт шоронгийн суурийг доргиосон хүчтэй газар хөдлөлт болж, даруй бүх хаалганууд нээгдэн хүн бүрийн гав дөнгө нь мултарч унажээ" Үйлс 16:25-26

Паул, Силас хоёр залбирч, магтах үед шоронгийн үүд нээгдэж, хоригдлууд бүх хүлээсээсээ чөлөөлөгдсөн. Паул, Силас нарыг хамгаалж байсан шоронгийн дарга болон түүний гэрийнхэн гэмшиж, Есүс Христийг хүлээн авцгаасан. Тэр гэр бүлээр дамжуулан Филиппой чуулган байгуулагдсан түүхтэй. Шорон сүйрч, Бурханы чуулган баригдав. Туйлын эерэг Бурханд хандсан Паул, Силас хоёрын туйлын эерэг итгэл, талархлын ачаар Бурханы хаант улс Филиппой нутагт ийнхүү ирсэн юм.

Талархлаар туйлын эерэг итгэлийг илэрхийлбэл

Тесалоник нь Ромын эзэнт гүрний нэг муж болох Македоны нийслэл, далайн зам дахь чухал цэгт байрладаг боомт хот байсан бөгөөд ромчуудын барьсан Эгнатын их зам дайрч өнгөрдөг эдийн засгийн төв байлаа. Нэгэн цагт уг хот руу цөлөгдсөн Ромын улс төрч Цицеро Тесалоник хотыг '*манай газар нутгийн зүрх*' гэж нэрлэжээ.

Македон хүний тусламж гуйж буй үзэгдлийг үзсэн Паул Тесалоник руу явж, тэнд амьдардаг иудейчүүд болон харь үндэстнүүдэд сайнмэдээг тунхаглав. Түүнд атаархсан иудейчүүд үймээн дэгдээж, Берой руу явахад хүрсэн юм. Түүнийг явсан ч гэсэн тесалоникчууд янз бүрийн хавчлага, зовлон зүдүүр дунд ч итгэлээ алдаагүй (2Тесалоник 1:3-4). Харин Паул итгэлийн түүхээр богино, зовлон зүдгүүрийн дунд байсан итгэгчдэд хандан *"бүх зүйлд талархахыг"* уриалжээ. Тэрээр Есүс Христэд итгэснээс болж бэрхшээлтэй тулгарсан элэг нэгтүүд болон харь үндэстнүүдэд 'ямар ч нөхцөл байдал, юу ч тохиолдсон' талархах нь Бурханы хүсэл гэж хэлсэн юм. *"Бүх зүйлд талархлаа өргө. Учир нь энэ бол та нарын төлөөх Христ Есүс дэх Бурханы хүсэл мөн"* (1Тесалоник 5:18).

Талмуд дээр хамгийн хүндтэй рабби нарын нэг Акивагийн түүхийг бичсэн байдаг. Нэгэн өдөр Акива ном унших дэнлүү, цаг заах азарган тахиа, хол замд явах илжиг, еврейн шашны ариун судар болох Тора зэргийг авч холын аянд мордов гэнэ. Бүрэнхий болоход нэг тосгонд орж хоноглохыг хүссэн ч хэн ч хүлээж авсангүй. Гэсэн хэдий ч тэрээр 'Бурхан надад илүү сайн зүйл хийх болно' гэж бодон гудамжинд унтахаар болжээ. Амархан унтаж чадахгүй байсан тул Тора унших гэж дэнлүүгээ асаасан боловч салхинд унтарчхав. Энэ удаад ч тэр 'Бурхан илүү ашигтайгаар хийх болно' гэж бодов. Дахиад унтах гэж байтал үнэгний дуу сонсогдож, илжиг, азарган тахиа хоёр цочоод зугтаж одов. Одоо түүнд зөвхөн Тора үлдсэн байв. Гэсэн хэдий ч тэрээр 'Бурхан илүү сайн зүйл хийх болно' гэж хэлээд талархав. Маргааш өглөө нь үүр цайсны дараа тэр тосгонд очоод гайхаж орхив. Урд шөнө нь бүлэг хулгайчид дайран ирж, гэрэлтэй байсан айлын бүх хүмүүсийг алжээ. Иймхүү Бурхан өөрийг нь хамгаалж байсныг тэр мэдсэн байна.

Олон хүмүүс "Талархах зүйл байвал талархана" гэж хэлдэг. Гэсэн хэдий ч туйлын эерэг итгэлээр талархлаа өчих үед миний зүрх сэтгэлээс баяр хөөр ундарч, Эзэний ивээл дүүрэх болно. Намайг хүлж буй ээдрээтэй асуудлууд нэг л мэдэхэд тайлагддаг. Яагаад ийм зүйл надад тохиолдсоныг тэр үед ойлгохгүй байсан ч, туйлын эерэг Бурханд итгэж талархвал Бурханы цагт, Өөрийнхөө замаар гайхалтай зүйлсийг үйлдэх болно. Туйлын эерэг итгэлээ талархлаар илэрхийлбэл зовлон нь ерөөл, уйтгар гуниг нь баяр баясгалан, цөхрөл нь итгэл найдвар болон хувирах ивээлийг мэдрэх болно.

Үл эдгэх өвчнийг ч ялсан талархлын өчил

"Ёнган Пресбитериан" чуулганы пастор Ян Бён Хигийн гэрчлэлийг сонсоод би маш их ивээл авч байснаа санаж байна. Тэр чуулганы нэгэн эмэгтэй итгэгч хэлний хорт хавдар туссан тул эмч хэлийг нь бүхэлд нь тайрч авах шаардлагатай гэжээ. Хагалгаанд орохоор эмнэлэгт хэвтсэн бөгөөд хагалгаанд орохын өмнөх өдөр гэрийнхэн нь бүгд цугларав. Маргааш хагалгааны өрөөнд орвол хэлгүй болж, насан туршдаа ярьж чадахгүй гэдгийг нь мэдэж байсан тэд хүнд сэтгэлээр түүний эцсийн үгийг хүлээж байв. Тэр үед эмэгтэй 511-р дууллыг дуулж эхлэв.

Аврагч Есүсийг илүүгээр хайрлая
Сөхрөн залбирах залбирлыг минь сонсооч
Миний жинхэнэ хүсэл аврагч Эзэн Есүсийг
Илүү их хайрлаж, илүү их хайрлах явдал юм

Магтаал дууссаны дараа талархан залбирцгаав. *"Бурхан Аавaa Танд баярлалаа. Над шиг нүгэлтэн аврагдаж, Бурханы хүүхэд болсон тул талархаж байна. Таны амар амгалан, баяр баясгалан миний зүрх сэтгэлд бялхаж байгаад би талархаж байна."*

Маргааш нь мэс засал эхлэв. Гэвч эмч хагалгааг эхлүүлэхийн оронд дахин нарийвчилсан үзлэг хийж эхлэв. Тэрээр үзлэгийн үр дүнд хэлээр бүхэлд нь тархсан байсан хавдар нь хэлний үзүүрт төвлөрч, хэсэгчлэн тайрахад болох юм байна гэжээ. Бурхан тэр эмэгтэйн талархлын өчлийг сонссон байв. Уур хилэн, дургүйцлээ урсгахын оронд өөрийг нь аварсан Бурханы ивээлийг магтаж, Түүнд хандсан туйлын эерэг итгэлээ өчтөл Бурхан гайхамшгийг үзүүлсэн юм.

Талархлыг дасгалжуулах дөрвөн үе шат

Талархлын амьдрал нэг шөнийн дотор бий болдоггүй. "Талархал ажлыг баяр хөөртэй болгодог" номд талархалтай амьдрах дөрвөн алхам байдаг гэж бичсэн байдаг.

Эхний үе шат бол '*өөрийн мэдэлгүй гомдоллох үе шат*' юм. Бидний ихэнх нь өөрийн мэдэлгүй дургүйцэж, гомдоллож амьдардаг. Талархах нь сайн гэдгийг мэддэг ч үргэлж дургүйцэж, гомдоллож амьдарч ирсэн болохоор энэ нь зуршил болсон байдаг. Гэвч хэрэв ямар нэг шалтгаанаар талархлыг хэрэгжүүлэхээр шийдсэн бол хоёр дахь шат болох '*талархдаг ч гомдоллодог шат*' руу шилждэг. Энэ үед талархал, гомдол хоёр зэрэгцэн оршдог. Дараагийн гурав дахь шат бол '*ухамсартайгаар талархах үе.*' Энэ бол гомдоллодог бодол ба үгээс татгалзаж, талархалтай бодлуудыг ухамсартайгаар бодож, цаашлаад талархалтай үгсийг хэлэх үе шат. Ухамсартай талархлыг дасгалжуулсан бол одоо эцсийн шат руугаа орно. *'Ухаараагүй байхдаа ч талархдаг үе шат'*-д хүрэх болно. Энэ мөчөөс эхлэн үргэлж талархалтай бодлуудыг бодож, талархлын үгсийг ашиглах болно.

Та бүхэн одоо аль шатанд нь байна вэ? 'Бүх зүйлд талархдаг' амьдралаар амьдрахын тулд талархлыг байнга дасгалжуулах хэрэгтэй. Талархлын өндөр түвшинд очихын тулд хэдэн зарчмыг та бүхэнтэй хуваалцмаар байна.

Талархлаар дасгалжуулах: Эерэг нүдээр ертөнцийг хар

"*Бодсон шигээ амьдрахгүй бол амьдарч байгаа шигээ бодно*" гэдэг үг бий. Талархлын хувьд ч мөн адил. Амьдралыг ямар өнцгөөс харж, хэрхэн үйлдэж байгаагаас шалтгаалж амьдрал маань талархал эсвэл гомдлоор дүүрэн байх болно.

Өмнөд Америкт хүйтэн рашаан, халуун рашаан зэрэг ундардаг газар байдаг байна. Нэг талд нь буцалж буй мэт халуун ус, нөгөө талд нь хүйтэн ус урсах тул оршин суугчид угаах зүйлээ авчирч, халуун усанд буцалгаж, дараа нь хүйтэн усаар зайлдаг байна. Энэ үзэгдлийг харсан жуулчин гайхсан янзтай *“Угаалга хийх болгондоо халуун, хүйтэн рашааныг нэг дороос гаргаж өгсөн Бурханд талархдаг байх, тийм үү?”* гэж асуув. Хөтөч нь дараах байдлаар хариулсан гэдэг. *“Ёстой үгүй.”* Эндхийн хүмүүс *“Саван хүртэл байсан бол сайхан байх байсан юм!”* гэж гомдоллодог гэжээ.

Инээдтэй мэт сонсогдож магадгүй ч бодоод үзвэл бид ч эдгээр хүмүүстэй адилхан байх үе олон бий. Дэлхий ертөнцийг эерэг нүдээр харахын тулд өөрсдийгөө үргэлж дасгалжуулах ёстой. Туйлын эерэг Бурхан надтай хамт байгаа гэдэгт итгэх ёстой. Зөвхөн сайн зүйлд талархаад зогсохгүй, муу зүйлийг ч сайн сайхан болгоно гэж Бурханд найдаж, талархах ёстой. Өөрт байхгүй зүйлдээ анхаарлаа хандуулахын оронд байгаа зүйлдээ анхаарлаа хандуулах хэрэгтэй. Хийж чадахгүй зүйлдээ шантралгүйгээр, хийж чадах зүйлдээ өөрийгөө сорих хэрэгтэй.

Талархлаар дасгалжуулах: Талархлыг зуршлаа болго

Талархал зуршил болох ёстой. Миний өдөр үргэлж ‘баярлалаа’ гэсэн үгээр эхэлдэг. Өдөр бүр үүр цайх үед би “*Баярлалаа, Бурхан минь*” гэж дор хаяж арван удаа хэлээд босдог. Бурханы ивээлийн тухай бодвол өдөр бүр хором бүрд талархахгүй байхын аргагүй.

Шинэ гэрээний нэрт эрдэмтэн, пастор Виллиам Б.Барклэй “Сэтгэл ханамжийн нууц” номдоо гомдоллож, сэтгэл ханамжгүй байдаг зүрх сэтгэлийн талаар ийнхүү сэрэмжлүүлсэн байдаг.

“Дургүйцэж, гомдоллох нь Бурханы хүүхдүүд болох бидний байр суурьнд нийцэхгүй. Үл итгэгчдэд энэ ертөнц хангаж чадахгүй цангалт байдаг. Тиймээс дургүйцэж гомдоллох нь биднийг энэ ертөнцөөс ялгаруулах биш харин энэ ертөнцөд харьяалагддаг хүмүүс шиг болгодог. Үл итгэгчид бол өөрсдөдөө анхаарлаа төвлөрүүлдэг тул гомдоллодог бол Есүс Христийн жинхэнэ гэрчүүд Есүс Христэд анхаарлаа хандуулдаг учраас гомдоллодоггүй.”

Христитгэгчдийн итгэл бол загалмай дээр төвлөрсөн туйлын эерэг итгэл. Христийн сайнмэдээний аль ч хэсэгт сөрөг зүйл байхгүй. Бидний сайнмэдээ бол төгс сайнмэдээ. Энэ бол бид бүгдэд өгч буй туйлын эерэг мессеж. Загалмай нь үхлийг амьдрал болгон, уй гашууг баяр баясгалан болгон, хараалыг ерөөл болгон өөрчилсөн. Тиймээс нүдэнд харагдаж, гарт баригдах зүйл байхгүй байвч бид Есүсийн загалмайг харж, талархлаа өчдөг байх хэрэгтэй. *"Итгэлдээ батжин, талархлаар бялхагтун"* (Колоссай 2:7).

Талархлын тэмдэглэл хөтлөх нь талархлыг дасгалжуулах сайх арга болж болно. Би чуулгандаа "Талархлын QT 365" номыг дэлгэж, бүх итгэгчдэдээ өдөр бүр хамтдаа Үгийн талаар бясалгаж, талархах сэдвүүдийг нь бичүүлсэн юм. Учир нь өчүүхэн ч гэсэн талархах зүйлээ олж, талархлын дэвтэр дээр бичсэнээр талархах зуршлыг бий болгож чадах юм.

Талархлаар дасгалжуулах: Талархлын хамтрагчтай бол

Илгээлтийн эзэн Чүэ Гван Гю нь "Бүхнээс дээгүүр оршигч Бурхан" номыг бичсэн бөгөөд 1988 онд Төв Америк руу явсан анхны Солонгос хүн болж, Бүгд Найрамдах Доминикан улсад очоод 8 чуулган болон бага, дунд, ахлах сургуулийг байгуулжээ. Түүний үйлчилдэг "Канаан" чуулганы Хүүхдийн цуглаанд гэхэд л 3000 гаруй хүн цугларч, Бурханд мөргөл өргөдөг байна.

Нэгэн өдөр тэрээр үгийг дамжуулахаар далайн эрэг дээрх ядуусын хороололд очжээ. Энэ нутгаар жил бүр 20 гаруй хар салхи дайран өнгөрдөг тул хар салхинд сүйдсэн байшин, барилгуудыг сэргээн босгох хооронд хар салхи дахин ирж, бүх зүйлийг хамаан авч оддог байна. Оршин суугчид эдийн засгийн хүндрэл, хохирлын улмаас сэтгэлээр унаж, цөхрөхөөс өөр аргагүй байдалд байжээ.

Түүнийг тэдний төлөө залбирч байх үед Бурхан түүнд "*Залбирлын армийг бүрдүүлж залбир. Би та нарын залбирлыг сонсох болно*" гэсэн үгийг өгсөн байна. Тэгээд 7000 хүнтэй залбирлын армийг бүрдүүлжээ. Энэ мэдээ Доминикан улс даяар төдийгүй АНУ-д тархаж, тус улсаас ч залбирлын армийг албан ёсоор хүлээн зөвшөөрөв. Тэгээд 2009 оны 10-р сард 7000 залбирлын цэрэг цугларч хамтдаа залбирч эхлэв. Тухайн үед цугларсан залбирлын цэргүүд Солонгосоос ирсэн пасторуудтай хамт "*Бурханд талархаж, хар шуургыг зайлуулаач"* гэж нэгэн дуугаар чин сэтгэлээсээ залбиртал гайхалтай гайхамшиг тохиолдов. АНУ-ын Майами хот дахь "Хар салхи судлалын төв"-өөс нийтдээ 21 хар салхи 2009 онд ирнэ гэж урьдчилан таамаглаж байсан. Гэтэл ес дэх "Аида" хар салхинаас хойш, дэгдэж болох байсан бүх хар шуурганууд үгүй болсон юм.

Итгэлтэй хүмүүс зүрх сэтгэлээ нэгтгэж залбирвал Бурхан ажилладаг. Бид дангаараа үүнийг хийж чадахгүй ч хамтдаа хийвэл амжилтад хүрч чадна. Талархлын хувьд ч мөн адил. Ганцаараа талархаж амьдрах амаргүй. Бидэнд талархлын арми хэрэгтэй. Гэр бүлээрээ хамтдаа талархалтай амьдралыг эхлүүлэх нь бас сайн санаа юм. Ажлын байр, бизнесийн талбар, дүүрэг, хороондоо талархлын өчлөө хуваалцах хамтрагчтай болох нь сайн. Долоо хоног бүр, сар бүр талархлын туршлагаа хуваалцвал бие биедээ маш их урам зориг, тайвшралыг өгөх болно. Мөн талархах сэдвүүд илүү олон гарч ирэх болно.

Талархлаар дасгалжуулах: Талархлыг тунхагла

Эерэг хандлага нь эерэг өчлөөр үргэлжилж, талархал

илэрхийлэх хандлага нь талархлын өчлөөр гарч ирэх хэрэгтэй. Пастор Эдвард М.Боундс "Залбирлын зүрх" номдоо ийн өгүүлжээ.

"Итгэл нь боломжгүй зүйлийг биелүүлдэг. Учир нь итгэл Бурханд бидний төлөө ажиллах боломжийг олгодог бөгөөд Тэр бол Төгс хүчит Бурхан юм. Итгэлийн хүчинд ямар ч хил, хязгаар үгүй. Хэрэв бид эргэлзээ, итгэлгүй байдлыг зүрх сэтгэлээсээ хөөж гаргавал Бурханаас хүссэн зүйл маань зайлшгүй биелэх болно. Бурхан айлдсан бүхнээ итгэлтэй хүмүүст өгдөг"

Эерэг итгэл үнэмшил, үг хэллэг нь бидний бие, оюун санаанд нөлөөлдөг. Учир нь нэг их бодолгүйгээр зуршил болгож хэлдэг үг ч сонсголын системээр тархинд бичигдэж, энэ нь бидний бие сэтгэлийг өөрчилдөг. "Сөүл Паик" эмнэлгийн Сэтгэцийн эмгэг судлалын тэнхмийн профессор Ү Жун Мин хэлэхдээ "*Бидний байнга хэлдэг үгэнд агуулагдах сэтгэл зүй нь бидний бие болон оюун санаанд шууд тусдаг*" гэжээ.

Тиймээс бид зөвхөн зүрх сэтгэлээрээ итгээд зогсохгүй амаараа хүлээн зөвшөөрөх ёстой (Ром 10:10). Туйлын эерэг Бурханыг харж, Тэр сайн сайхны төлөө хамтран ажиллана гэдэгт зүрх сэтгэлээрээ итгэж, амаараа хүлээн зөвшөөрөх ёстой. Тэрхүү талархлын итгэлийн тунхаглал бидний чихэнд болон Бурханы чихэнд сонсогдох үед бие, оюун ухаан маань шинэчлэгдэж, Бурханы хүч бидний амьдралд орж ирэх болно.

Талархлаа тунхаглах жишээ

Дараах тунхаглал нь жишээ өгүүлбэр юм. Өөрт тохирсон тунхаглалыг бүтээж, "Есүс Христийн нэрээр" өдөр бүр талархлаа тунхаглаарай!

Өөрийнхөө талаар эергээр тунхаглах нь:

- Намайг Бурханы хүүхэд болгосонд баярлалаа!
- Бурханы хаант улсын төлөөх ариун дуудлагыг өгсөнд баярлалаа!
- Миний залбирал, хүсэлтэд хариулсанд баярлалаа!
- Намайг хүчирхэг болгосонд баярлалаа!
- Бүх зүйлд сайн сайхны төлөө хамтран ажиллаж байгаад баярлалаа!
- Өнөөдөр ч гэсэн бүх зүйл амар амгалан, бүтэмжтэй байна гэдэгт итгэн талархаж байна!
- Намайг ерөөлийн суваг болгон ашигласанд баярлалаа!

Бусдын төлөө талархах нь:

- Аав ээжид минь амар амгалан, эрүүл энхийг ерөөсөнд баярлалаа!
- Манай гэр бүлийг бүхэлд нь итгэл дотор нэгтгэсэнд баярлалаа!
- Өнөөдөр ч бас уулзсан хүмүүсээ ерөөсөндөө талархаж байна!
- Бурханы хайраар нөхөрлөх боломжийг олгосонд баярлалаа!
- Өнөөдөр бас бусдыг тэвэрч, уучлах боломжийг олгосонд баярлалаа.
- Хөршүүддээ эелдэг үгээр тусалж, гараа сунгаж байгаадаа талархаж байна!
- Талархлын сэдвийг бие биетэйгээ хуваалцуулж байгаад талархаж байна!

Талархлаа тунхаглах жишээ

Ажил, үйлчлэлдээ талархах нь:

- Бурханы хаант улс ажлын байранд маань буухыг зөвшөөрсөнд баярлалаа!
- Хийдэг зүйлс маань Бурханы баяр баясгалан болж буйд талархаж байна!
- Хамтран ажиллагсдадаа сайнмэдээг түгээх боломж олгосонд баярлалаа!
- Ажил, үйлчлэлд маань саад болж буй муу хүчийг зайлуулсанд баярлалаа!
- Өнөөдөр ч бас баяр хөөр, талархалтайгаар ажиллах боломж олгосонд баярлалаа!
- Их Эзэний төлөө бүх зүйлийг хийлгэж буйд баярлалаа!
- Миний хийж буй бүх зүйл бүтэмжтэй байгаад баярлалаа!

Асуудлын төлөө талархах нь:

- Асуудлаар дамжуулан Бурханы хүсэл, мэргэн ухааныг ойлгоход тусалсанд баярлалаа!
- Асуудал дунд минь туслах хүнтэй уулзуулсанд баярлалаа!
- Асуудал дунд зам нээж өгсөнд баярлалаа!
- Санхүүгийн асуудал шийдэгдэж, Бурханы ерөөлийг өгсөнд баярлалаа!
- Хүмүүс хоорондын зөрчлийг шийдэж өгсөнд баярлалаа.
- Асуудал дунд тэвчээр, даруу байдалд суралцахад тусалсанд баярлалаа!
- Бүх зовлон зүдүүр хамтдаа сайн сайхны төлөө байдагт талархаж байна!

Талархлаа тунхаглах жишээ

Чуулганы төлөө талархах нь:

- Бурханы таалалд нийцсэн чуулган болгосонд баярлалаа!
- Бүх хүндэтгэл, магтаал, залбирал Ариун Сүнс дүүрэн байдагт баярлалаа!
- Ахлах пастороор дамжуулан ариун мөрөөдөл, алсын харааг өгсөнд баярлалаа!
- Бүх үйлчлэгч болон гишүүд чуулгандаа даруугаар үйлчлэхийг зөвшөөрсөнд баярлалаа!
- Бүх итгэгчид Үг болон Ариун Сүнсийг хүсэмжлэх боломжийг олгосонд баярлалаа!
- Чуулганы үйлчлэгч, гишүүд, итгэгчдийг нэг санаатай байлгаж буйд баярлалаа!
- Сайнмэдээг түгээх хүслээр дүүрч, чуулганыг сэргээж өгсөнд баярлалаа!

Ирээдүйнхээ төлөө талархах нь:

- Надад ариун мөрөөдөл, алсын хараа өгсөнд баярлалаа!
- Ерөөлтэй ирээдүйг мөрөөдөхөд минь тусалсанд баярлалаа.
- Миний замыг хааж буй бүх саад бэрхшээл, Сатаныг устгасанд баярлалаа!
- Мөрөөдөл, алсын хараагаа зурж, нарийвчлан залбирах боломжийг олгосонд баярлалаа!
- Бурханы мөрөөдлийг биелүүлэх хамтрагчтай уулзуулсанд баярлалаа!
- Бурхан надтай хамт байдаг гэдгээ харуулж, хаа ч явсан бүх зүйл бүтэмжтэй байгаадаа талархаж байна.
- Надад хандсан Бурханы мөрөөдөл, хүсэл бүхэн биелнэ гэдэгт итгэн талархаж байна.

Positivity Quotient Check List

Туйлын эерэг байдлаа шалгах хүснэгт ☑

Таны талархлын үзүүлэлт (PQ) хэд вэ?

Өгөгдлүүдийг уншаад тохирох нүдийг чагтална уу!

Хэмжих асуултууд	Огт тийм биш	Тийм биш	Ихэнх-дээ	Тийм	Яг тийм
	1 оноо	2 оноо	3 оноо	4 оноо	5 оноо
1. Өглөө босоод хамгийн түрүүнд Бурханд талархаж байгаагаа хэлдэг.					
2. Өдөр тутмын амьдралдаа өчүүхэн зүйлд ч гэсэн талархах зүйл хайдаг.					
3. Би эргэн тойрныхоо хүмүүст байнга талархлаа илэрхийлдэг.					
4. Хараахан хариултаа аваагүй байсан ч талархаж, залбирдаг.					
5. Хэцүү нөхцөл байдал үүссэн ч гомдоллохын оронд талархлаа өчдөг.					
6. Надад байхгүй зүйлдээ гомдоллохын оронд одоо байгаа зүйлдээ талархаж байна.					
7. Өдөр бүр талархлын чимээгүй цаг хийх юмуу, Бурханы ивээлийн талаар бясалгадаг.					
8. Зовлон, бэрхшээл нь итгэл, зан чанарыг хөгжүүлэх боломж гэдэгт итгэж, талархдаг.					
9. Ажил төлөвлөсний дагуу болохгүй байсан ч Бурхан сайн болгоно гэдэгт итгэж, талархдаг.					
10. Унтахынхаа өмнө талархлын залбирлаар өдрийг дуусгадаг.					

Асуулт бүрийн оноог нэмнэ.
Талархлын үзүүлэлтийн нийлбэр (_____ оноо)

Туйлын Эерэг
Байхын Гайхамшиг

“Өгөгтүн, тэгвэл та нарт өгөгдөх болно.
Тэгэхдээ шахагдсан, чигжсэн мөн бялхсан сайн
хэмжээгээр өвөр дээр чинь асгарах болно.
Өөрсдийнхөө хэмжсэн хэмжээсээр
та нар хариуд нь хэмжигдэх болно гэлээ”

Лук 6:38

Бүлэг 10

Гурван төрлийн дасгалжуулалт (3): Хайрыг хуваалцахыг дасгалжуулах нь

Туйлын Эерэг
Байхын Гайхамшиг

Бүлэг **10**

Гурван төрлийн дасгалжуулалт (3): Хайрыг хуваалцахыг дасгалжуулах нь

"Бид өдөлмөрлөж амь зогоодог бол харин хуваалцаж амьдралаа босгодо"

- Уинстон Черчилл

Би багадаа Сөүлийн Сангду дүүрэгт амьдарч байсан. Солонгосын дайны дараахан байсан тул хүн бүр ядуу амьдарч байсан үе. Тэр үед өвөө маань орой болгон Сангду дүүргийн арын ууланд авирдаг байв. Зүгээр авирах биш шуудайнд будаа хийж, шуудайн амыг оёдлын машинаар оёод мөрлөөд гардаг байлаа. Хэсэг хугацааны дараа өвөө гар хоосон буцаж ирээд дахиад нэг уут будаа үүрч гардаг ба шөнө дөл болтол хэд хэдэн удаа ууланд авирдаг байв. Тэрээр орон гэргүй, ууланд нүх ухаж амьдардаг хүмүүст нууцаар идэх юм зөөж өгдөг байсан юм.

Сонирхолтой нь нүхэн агуйд амьдардаг хүмүүс будаагаа идэж дуусаад заавал манайд хоосон шуудайтайгаа ирдэг байв. Өвөө маань "*Яаж мэдээд олоод ирэв?*" гэж асуухад тэд "*Энэ хотод танаас өөр ийм зүйл хийх хүн хэн байх вэ?*" гэж хариулдаг байв. Тэгээд өвөө юу ч хэлэлгүй гэртээ орж, хоосон шуудайг нь будаагаар дүүргээд буцаагаад явуулдаг байсан юм. Энэ мэтчилэн өвөө маань хөршөө хайрлахыг үргэлж хэрэгжүүлдэг нэгэн байсан. Өвөөгөө харж өссөн би ч бас хөршөө хайрлахыг дасгалжуулах гэж хичээж байна.

Туйлын эерэг байдлын гайхамшгийг мэдрэхэд хамгийн чухал зүйл бол хайрыг хуваалцахыг дасгалжуулах билээ. Хайрыг хэрэгжүүлэх нь Бурханыг хамгийн ихээр баярлуулдаг бөгөөд Бурханаас агуу ерөөлүүдийг хүлээн авах нууц. Библийн бүх тушаалуудыг нэг үгээр товчилбол 'хайр' гэж хэлж болно. "*Хайр нь хуулийн гүйцэлдэл мөн*" (Ром 13:10)

Хайрыг хуваалцах үед цэнэглэгддэг эерэг энерги

Хайр бол сөрөг биш эерэг зүйл. Эерэг хүмүүс хайраа хуваалцаж чаддаг. Мөн сөрөг хүн хайрыг дадлагажуулбал эерэг хүн болж хувирдаг. Хэрэв бусдыг хайрлаж, золиос гаргах юм бол энэ нь бумеранг шиг өөрт нь эргэж ирэх нь гарцаагүй. "*Буудайн үр газар эс унан, эс үхвээс тэр ганцаараа үлдэнэ. Харин тэр үхвээс олон үр гаргана*" (Иохан 12:24).

Австрийн сэтгэл судлаач доктор Алфред Адлер сэтгэл гутралын өвчтэй хүмүүст "хөршүүдээ баярлуулж, тэдэнд хайраа харуул" гэсэн жор бичиж өгсөн бөгөөд уг жорыг дагасан өвчтөнүүд сэтгэл гутрал нь эдгэрсэн байна. Сэтгэл гутралд орсон хүмүүс зөвхөн өөртөө болон сэтгэл хөдлөлдөө анхаарлаа хандуулдаг. Хэрэв та зөвхөн асуудлаа л бодож, дотоод сэтгэлдээ л анхаарвал сэтгэл гутралын намгаас гарч чадахгүй. Хэрэв та хайраа хуваалцаж, хайрлавал хайр, баяр хөөр бумеранг шиг буцан ирэх ба сэтгэл гутралыг ч эмчлэх боломжтой.

Ёонсей их сургуулийн "Эрүүл хот" судалгааны төв нь сэтгэл гутралд орсон өндөр настнуудыг асран хамгаалах ажил хийдэг. Эдгээр өндөр настнуудын сэтгэл гутралыг эмчлэх олон хөтөлбөрүүдийн нэг нь "Өндөр настан өндөр настнаа халамжлах" юм. Энэ нь сэтгэл гутралыг даван туулах хөтөлбөрт хамрагдсан өндөр настнуудыг ижил насны бусад өндөр настнууд анхаарал халамж тавина гэсэн үг. Эмчилгээний хөтөлбөрт хамрагдсан өндөр настнууд халуун бигнүүр хийх уут хийж, хөтөлбөр дууссаны дараа асрамжийн газрын хүмүүст хүргэж өгдөг байв. Энэ мэт үйл ажиллагаа нь сэтгэл гутралд орсон ахмад настнуудын өөрийгөө үнэлэх үнэлэмжийг нэмэгдүүлэх, өөртөө итгэлтэй байх мэдрэмжийг бий болгоход тус болдог байна. Уг үйл ажиллагаанд оролцсон нэг хүн "*Миний сэтгэл гутрал багасаж, амьдралаас эерэг энергийг авсан*" гэж баяртайгаар хэлжээ. Мөн асрамжийн газрын ажилтан "*Цаг агаарт хүйтэн байсан ч өндөр настнууд баяртайгаар үйл ажиллагаанд оролцож байгааг хараад маш их баярласан*" гэжээ.

Хайраа хуваалцахыг хэрэгжүүлэх нь бусдад туслаад зогсохгүй өөрийн сэтгэл гутралыг эмчлэх эмийн үүрэг гүйцэтгэдэг байна. Учир нь бид хайрыг хуваалцах үед эерэг энергиэр хүчтэй цэнэглэгддэг.

Хайрыг хуваалцах тусам эрүүл, жаргалтай байна

Эерэг энергиэр цэнэглэгдэх үед хүн эрүүл, аз жаргалтай болдог. 'Зуун настай философич' гэгддэг Ёонсей их сургуулийн хүндэт профессор Ким Хён Сог нэгэн ярилцлагадаа хэзээ ч аз жаргалтай байж чаддаггүй хоёр төрлийн хүмүүс байдаг тухай тайлбарласан юм.

Түүний хэлсэн эхний бүлэг хүмүүс бол оюун санааны үнэ цэнийг мэддэггүй хүмүүс. Оюун санааны үнэ цэнийг мэдэхгүйгээр мөнгө, эрх мэдэл, алдар нэр хөөдөг хүмүүс аз жаргалтай байх нь хэцүү байдаг. Учир нь их байх тусам илүү цангаж, өлсөж эхэлдэг. Хоёр дахь бүлэг нь хувиа хичээгчид. Хүний зан чанар бол аз жаргалыг агуулах сав. Хувиа хичээгч хүний зан чанар нь аз жаргалыг агуулахад хэтэрхий жижигхэн. Тиймээс өөрийгөө эхлээд боддог, зөвхөн өөрийнхөө төлөө амьдардаг хүмүүсийн зан чанар хэзээ ч өсөж чадахгүй тул аз жаргалтай байж чаддаггүй.

Хайраа хуваалцах нь хайрыг хүлээн авч байгаа хүнийг төдийгүй хайрлаж байгаа хүнийг ч аз жаргалтай болгодог. Хуваалцах нь хүний зүрх сэтгэл, оюун ухаан, биеийг эдгээж хүчирхэгжүүлдэг. Учир нь жинхэнэ аз жаргал, эрүүл мэнд хайрыг хуваалцаж, дадлагажуулснаар ирдэг.

АНУ-ын алдарт Беркли их сургуулийнхан хулгана дээр нэгэн сонирхолтой туршилт хийжээ. Эхний туршилтаар хулганыг ганцаар нь байлгаж, хооллотол 600 хоног амьдраад үхсэн байна. Хоёр дахь туршилтаар таван хулганыг хамт байлгаж, хооллотол тэд 700 хоног амьдарчээ. Тус бүр 100 хоног илүү амьдарсан байх нь. Гурав дахь туршилтаар хүний алган дээр хулганыг тавьж хоолложээ. Их идэхийг хүсвэл ихийг өгч, идэх дургүй үед нь өөр юм идүүлээд ажиглатал 950 хоног амьдарчээ. Судалгааны багийнхан эдгээр туршилтаар амьтад ч гэсэн хүмүүстэй хамт амьдарч, хайрын хүчийг солилцвол эцэстээ амар амгалан болж, нас нь уртасдаг болохыг олж мэдсэн байна. Бид ч бас урт удаан, аз жаргалтай амьдрахын тулд бие биеэ хайрлах нь туйлын чухал.

Сайнмэдээ бол Бурханы хайрыг ойлгож, хэрэгжүүлэхийг хэлнэ

Бурханы хайраар бид эрүүл саруул, мөнхөд аз жаргалтай амьдрах мөнхийн амьдралыг бэлэг болгон хүлээн авдаг. Дэлхийд хандсан Бурханы ерөөлтэй мэдээ болох 'Сайнмэдээ'-д Есүсээр дамжуулан бидэнд үзүүлсэн Бурханы гайхалтай хайрыг өгүүлдэг. Есүс нүгэлтнүүд болсон хүн төрөлхтнийг аврахын тулд загалмай дээр нас барж, гурав дахь өдрөө амилсан. Үхлийн аюулын өмнө ухрахын оронд Тэр биднийг аварсан. Бид эхлээд Эзэнийг хайрлаагүй. Бурхан эхлээд биднийг хайрлаж, Өөрийн Хүү Есүсийг илгээсэн.

> "Бид Бурханыг хайрласан бус, харин Тэр биднийг хайрлаж, бидний нүглийн улмаас Хүүгээ эвлэрүүлэл болгон илгээсэнд л хайр байгаа юм" 1Иохан 4:10

Хүн төрөлхтний түүхийг "МЭӨ," ба "МЭ" гэж хуваадаг. 'МЭӨ' гэдэг нь "*Манай Эзэнээс Өмнө*" гэсэн үгийн товчлол бол 'МЭ' гэдэг нь "*Манай Эзэний*" гэсэн үгийн товчлол юм. Эзэн Есүсийн төрсөн цагаас хамааран түүхийг хуваадаг байх нь. МЭӨ, МЭ нь хүн төрөлхтний түүхэнд төдийгүй бидний амьдралд байх ёстой гэдэгт би хувьдаа итгэдэг. Бидний нүгэл ба үхлийн хүч дор байх үеийн Есүсийг мэдэхээс өмнөх дүр төрх, гэрэл ба амь болох Есүсийг мэдсэний дараах дүр төрх өөр байх ёстой. Туйлын эерэг байдлын бэлгэдэл болсон загалмайгаар дамжуулан өгсөн Бурханы хайрыг мэдэрсэн хүн хэзээ ч өмнөх шигээ амьдарч чадахгүй. Бид Есүс шиг хайрлаж амьдрах ёстой. Хайрлах нь Есүсийн зан чанартай хамгийн төстэй чанар.

Мэндэлсэн баярын өмнөхөн (2022 оны 12 сард) өмнөхөн нэг орой жар гаран насны нэгэн эр Инчоны Гьеян хотын зам дээр ухаан алдаж унажээ. Эргэн тойрны хүмүүс анзааралгүй өнгөрч байсан ч тэр замаар явж байсан ахлах сургуулийн дөрвөн охин тэр даруй гүйж очив. Нэг охин нь таталт өгч, амьсгалж ч чадахгүй байсан эрэгтэйд тайвнаар зүрхний массаж хийв. Харин найзууд нь 911 рүү залгаж, хажууд байгаа хүмүүсээс тусламж гуйсан байна. Түргэн тусламж ирэх хүртэл зүрхний массаж хийж анхны тусламж үзүүлсний үр дүнд 5 минутын алтан цагийг барьж чадсан бөгөөд үүний ачаар өнөөх 60 гаруй насны эрэгтэй эсэн мэнд үлдэж чаджээ.

Зүрхний массаж хийсэн охин бол манай чуулганы пасторын охин юм. Танихгүй эрэгтэй хүн рүү гүйж очоод эргэлзэлгүйгээр зүрхний массаж хийнэ гэдэг тийм ч амар зүйл биш. Харин тэр сурагч *"Зам дээр унасан хүний хажуугаар зүгээр өнгөрч чадаагүй. Айж байсан ч найзуудтайгаа хамт байсан, сургуулийнхаа эрүүл мэндийн дугуйланд сурсан зүйлээ дадлагажуулж чадсан"* гэсэн. Түүний хэлсэн тэр үг нийгэмд томоохон нөлөө үзүүлсэн юм.

Би бас оюутан байхдаа Нанжиду нүүлгэн шилжүүлэх тосгонд сайн дурын ажил хийж байлаа. Мангвон хорооны будааны талбайн далангийн замаар 30 орчим минут алхвал Нанжидугийн урд том далан байх бөгөөд түүний эргэн тойронд гэр нь газарт орсон хүмүүс амьдардаг байв. Мод чулуугаар овоохой барьж, хар лав цаасаар хучиж барьсан банзан гэр хороололд 300-гаад айл амьдардаг байв. Томчууд нь барилгын талбай дээр ажиллаж, хүүхдүүд нь гутал тослох юмуу хуучин хувцас түүдэг байв.

Долоо хоног орчим сайн дурын ажил хийж байхдаа адилхан Сөүлийн тэнгэр дор ийм өөр орчинд амьдардаг хүмүүс байдаг юм байна гэж бодохоор сэтгэл өвдөж байлаа. Тэр үед надад ийм бодол төрж байсан. 'Есүс зөвхөн бидний төлөө төдийгүй тэдний төлөө загалмай дээр зовлон эдэлж, үхсэн дээ...'. Тэр цагаас хойш Есүст итгэгчид эхлээд ийм хүмүүст үйлчлэх ёстой гэсэн бодол миний оюун санаанд гүн бат суусан.

Сайнмэдээ тараах гэдэг нь хайрыг хуваалцах үйлдэл

Сайнмэдээ тараах буюу авралын зар түгээх нь ч Бурханы хайрыг хүмүүстэй хуваалцаж байгаа хэрэг мөн. Энэ бол хамгийн сайнаар хайрыг хуваалцах арга. Пастор ээж минь залбирал, сайнмэдээг түгээхэд өөрийгөө зориулсан хүн байсан. Тэрээр нүдээ нээнгүүтээ өдөржин сайнмэдээг тарааж явдаг байлаа. Би ахлах сургуулийн төгсөх ангийн сурагч байхдаа ээждээ "*Ээж ээ, би ахлах ангийн сурагч, надад ч бас анхаарал хандуулаач*" гэж хэлж байсан удаатай. Гэсэн ч ээжийнхээ залбирал, сайнмэдээ тараах золиосоор би сайн суралцаж, Бурханаас асар их ивээл авч чадсан. Ээж маань шоронгоос суллагдсан залууст сайнмэдээг түгээж, чуулгандаа дагуулж ирдэг байсан. Бурханы хайр ээжийн минь зүрх сэтгэлд гал мэт дүрэлзэж байсан тул сайнмэдээг тараахгүй байхын аргагүй байсан хэрэг (Еврей 20:9).

Сайн мэдээг тараана гэдэг нь зөвхөн үгээрээ л "Есүст итгээрэй" гэж хашхирах төдий биш. Сайнмэдээгээр дамжуулан Бурханы хайрыг ойлгож мэдэрсэн хүмүүс тэр хайрыг бусдад хуваалцах юм. Тэр үед сайнмэдээ дэлхий даяар тархдаг. Элч Иохан бид хайраар үйлдэх үед энэ дэлхий хүмүүс үл үзэгдэх Бурханыг харах болно гэсэн.

> "Хайртууд минь, Бурхан биднийг ийнхүү хайрласан бол бид ч бие биенээ хайрлах учиртай. Хэн ч, хэзээ ч Бурханыг хараагүй. Хэрэв бид бие биенээ хайрлавал, Бурхан бидний дотор байж, Түүний хайр бидний дотор төгс болно" 1Иохан 4:11-12

Би ч бас "Ёойду Төгс Сайнмэдээ" чуулганы ахлах пастор болсноосоо хойш хайраа хуваалцах янз бүрийн аргыг үргэлжлүүлэн хэрэгжүүлсээр байна. Жил бүр чуулганы төсвийн гуравны нэгийг хайрыг хуваалцахад зарцуулдаг. Жижиг өрөө бүхий байшингуудтай тосгонд зочилж, хүнд хэцүү нөхцөлд байгаа хүмүүсийг тайвшруулах, ядуу хөршүүддээ 'Хайрын найдвар хайрцаг,' 'Хайрын кимчи'-г тараах, зүрхний өвчтэй хүмүүст үнэ төлбөргүй хагалгаа хийх, олон хүүхэдтэй гэр бүлийг дэмжих, Хойд Солонгосоос дүрвэгсэд болон тусламж хэрэгтэй залуучууд болон ахмад настнуудад дэмжлэг үзүүлэх зэрэг төслүүдийг идэвхтэй хэрэгжүүлж байна.

Ингэж хайрыг хуваалцвал энэ дэлхийн хүмүүс бидэнд анхаарлаа хандуулах биш харин биднийг аварсан Есүсийг харах болно. Учир нь Есүс бидэнд хайрын хамгийн агуу үлгэр жишээг харуулсан шүү дээ.

Хайрын булчингаа хөгжүүл

Бурханы израильчуудыг маш сайн сургасан зүйлийн нэг бол 'өгөх дасгалжуулалт' юм. Эхлээд Бурхан "*бүх ургацынхаа анхны үр тариаг өргө*" гэсэн (Гэтлэл 23:19). Үлдсэн зүйлээ өргөх биш хамгийн нандин зүйлийг эхлээд Бурханд өргүүлсэн. Түүний дараа ядуу хөршүүддээ туслахыг хүссэн. Энэ нь өөрийн хүртэх зүйлээ өгөх биш харин хэрэглээд үлдсэн зүйлийг нь өгүүлсэн. Жишээлбэл усан үзмийн талбайн эзэн ургацаа хурааж авахдаа бүгдийг нь хураалгүй заримыг нь харь хүмүүс болон бэлэвсэн эмэгтэйчүүдэд зориулж үлдээх ёстой байв. Бас бүх тариагаа бүгдийг нь хурааж авалгүй заримыг нь үлдээ гэсэн (Леви 19:9-10). Дэлхийн хүмүүс хүнийг хэр их юмтай байгаагаар нь дүгнэдэг. Харин Бурханы дүгнэх хэмжүүр өөр байдаг. Бурхан биднийг байгаа зүйлээ хэр их өгч, хуваалцаж байгаагаар минь хардаг.

Пастор болохоосоо өмнө танилцсан чуулганы нэгэн үйлчлэгчийг би танина. Тэрээр амжилттай бизнесмен байсан бөгөөд түүнийг нь мэдсэн эргэн тойрных нь олон хүн түүнээс санхүүгийн дэмжлэг хүсдэг байжээ. Гэсэн хэдий ч тэр хэнд ч мөнгө зээлээгүй байна. Тэр шалтгаанаа дараах байдлаар тайлбарласан юм. *"Би нэг удаа дотны найздаа мөнгө зээлсэн ч буцааж авч чадаагүй. Түүнээс болж мөнгө, найзаа алдсан болохоор үргэлж сэтгэл өвддөг. Тиймээс тэр цагаас хойш тусламж хэрэгтэй хүн ирвэл үнэхээр хэцүү байгаа эсэхийг шалгаж, нөхцөлгүйгээр тусламж үзүүлдэг болсон. Тэгээд тусалсан гэдгээ мартдаг."*

Түүний 'Тусалсныхаа дараа мартдаг' гэсэн үг миний сэтгэлийг их хөдөлгөсөн юм. Дэлхийн хүмүүс маш их тооцоотой. Ямар нэгэн зүйл өгвөл хариуд нь юу авахаа үргэлж тооцдог. Тиймээс эргүүлж төлөх чадваргүй хүмүүст өгдөггүй. Гэвч Эзэн Есүс *"авахаас илүү өгөх нь ерөөлтэй"* гэж хэлсэн (Үйлс 20:35). Түүнчлэн Библид ч Бурханы ивээлийг хүлээн авах нууц нь тусламж хэрэгтэй хүмүүст авахаа тооцоололгүйгээр өгөх гэж хэлдэг.

“Хотод чинь суудаг, та нар дунд хувь ч үгүй, өв ч үгүй левичүүд мөн ирмэл хүн, өнчин, бэлэвснийг ирүүлж, хооллон цатгавал ЭЗЭН Бурхан чинь гарын бүх үйлд чинь чамайг ивээх болно” Дэд хууль 14:29

“Ядууг энэрэгч нь ЭЗЭНд зээлдүүлэгч Өгсөн бүгд нь буцаж төлөгдмүй” Сургаалт үгс 19:17

“Өгөгтүн, тэгвэл та нарт өгөгдөх болно. Тэгэхдээ шахагдсан, чигжсэн мөн бялхсан сайн хэмжээгээр өвөр дээр чинь асгарах болно. Өөрсдийнхөө хэмжсэн хэмжээсээр та нар хариуд нь хэмжигдэх болно гэлээ” Лук 6:38

Пастор Рик Уоррен хэлэхдээ “*Булчингууд дасгал хийхгүй бол суларч, доройтдог шиг хэрэв Бурханы өгсөн хайрын булчинг ашиглахгүй бол түүнийгээ алдах болно*” гэсэн. Тамирчид олимпод бэлтгэж, бэлтгэл хийдэгтэй адил бид ч хайрыг хуваалцаж, үйлчлэхийн тулд үргэлж бэлтгэл хийж, бэлдэх ёстой. Ийм хайрын дасгалжуулалт нь одоо бас хожмын амьдралд агуу ивээл болох болно (1Тимот 4:8).

Бусдын хэрэгцээнд мэдрэг бай

Хайрыг сайн хуваалцахын тулд хүмүүсийн хэрэгцээнд мэдрэг байх нь нэн чухал. Эзэн Есүс бусдын хэрэгцээнд үргэлж мэдрэг байсан. Марк 8-р бүлэгт Есүс хүмүүсийн хэрэгцээнд хэр мэдрэг байсныг тодорхой харуулдаг. Есүсийг дагасан олон түмэн идэх зүйлгүйн улмаас асуудалд ороход Есүс *"Би энэ хурсан олныг өрөвдөж байна. Учир нь тэд Надтай гурав хоног байж, ямар ч идэх юмгүй болжээ. Би тэднийг гэрт нь өлөн зэлмүүн буцаавал тэд замдаа сульдаж унах болно. Тэдний зарим нь холоос иржээ гэж"* гэсэн байдаг (Марк 8:2-3). Есүсийн хэлсэн үгэнд шавь нар нь *"Энэ зэлүүд газар эднийг хэрхэн талхаар цатгаж чадах билээ?"* гэж хариулсан (Марк 8:4). Гэвч Есүс тэнд цугларсан 4000 хүнийг долоон талх, хоёр жижиг загасаар хооллосон билээ. Есүс хүмүүсийн хэрэгцээг үргэлж мэддэг байсан ба хэрэгцээг нь ч хангадаг байсан.

Үйлс 9-р бүлэгт Есүсийн шавь, олон сайн үйл хийж, өглөг өгдөг байсан Табита гэх эмэгтэйн тухай өгүүлдэг. Тэрээр өөрийнхөө гараар урласан хувцсаа ядууст тарааж өгснөөр сайхан сэтгэлээ харуулжээ. Тэр өвдөж, нас барахад тэр үед Иоппагаар дайран өнгөрч явсан элч

Петрийг Табитагийн гэрт урьсан. Птерийг ирэхэд өрөөнд бүх бэлэвсэн эмэгтэйчүүд цугларч, бусдад үйлчлэх, туслах дуртай байсан түүний төлөө нулимс дуслуулан гашуудаж байв. Тэр үед Петр өвдөг сөгдөн залбирсны дараа цогцос руу харж, *"Табита, бос!"* гэж тушаахад тэр амилсан юм. Табитагийн үхэгсдээс амилсан гайхамшиг нь хүмүүсийн хэрэгцээг хангах хайрынх нь хүчтэй холбоотой байж магадгүй. Табита амилсныхаа дараа хэрхэн амьдарсан бол? Магадгүй тэр Есүсийн сайнмэдээг гэрчилж, урьдын адил хүмүүсийн хэрэгцээг хангах замаар бусдад хайраа харуулсан байх.

Хайрыг хэрэгжүүлэхийн тулд бид Есүс шиг хүмүүст юу хэрэгтэй байгааг үргэлж анхаарч харах хэрэгтэй. Тэр хэрэгцээ нь бие махбодынх уу, материаллаг зүйл үү, оюун санааных уу эсвэл сүнслэг зүйл үү гэдгийг ялгаж, түүнийг хэрхэн дүүргэх талаар Бурханы мэргэн ухаан, хангамжийг эрэлхийлэх ёстой. Хэрэв танд жинхэнэ хайр, энэрэнгүй сэтгэл байгаа бол Бурхан Ариун Сүнс хайрыг хэрхэн хэрэгжүүлэхийг зааж өгөх болно.

Өчүүхэн зүйлээ ч хуваалцдаг амьдрал

Гутал засварчин, чуулганы үйлчлэгч Ким Бён

Ругийн тухай нийтлэлийг уншаад миний сэтгэл их хөдөлж билээ. Тэрээр 1996 оноос хойш гутал засварын ажил хийсэн. Нэг өдөр гэнэт 'Айл болгонд өмсдөггүй, хуучин гутал хэр олон байдаг бол' гэсэн бодол түүнд төржээ. Тэгээд дэлгүүрийнхээ үүдэнд "*Өмсдөггүй, хаях гэж байгаа гутал байвал гутлын эмнэлэгт авчирч өгнө үү*" гэсэн бичиг наажээ. Түүнээс хойш 5000 орчим гутал цуглуулж, засварлаж, тусламж хэрэгтэй байгаа хөршүүдэд тараасан байна. Түүний сайн үйлс үүгээр дуусcангүй. Тэрээр асрамжийн газарт сайн дурын үсчин хийж, хоол тэжээлийн дутагдалд орсон хүүхдүүд, насан хүрээгүй өрхийн тэргүүд, тэтгэвэрт гарсан пасторуудад тусалж амьдарсан. Мөн 2020 онд тэтгэврийн мөнгөөрөө худалдаж авсан 700 сая воны үнэтэй газраа зарж, Ковид-19 өвчнөөс болж зовон шаналж буй хүмүүст хандивласан юм.

Үүний дараа чуулганы үйлчлэгч Ким нэгэн ярилцлагадаа ийн хэлжээ. "*Над шиг Христэд итгэгчид Есүсээр дамжуулан шинэ амьдралыгүнэгүй хүлээн авсан. Тэгэхээр шунах зүйл байхгүй. Бүгдийг нь өгөөд явах хэрэгтэй.*" Түүний итгэлийг хараад чин сэтгэлийн итгэлд хөршөө хайрлах сэтгэл шингэсэн байдгийг мэдэрсэн юм. Бид бол Есүсийн ачаар шинэ амьдралыг үнэгүйгээр хүлээн авагсад. Хайрыг хуваалцах нь бидэнд шинэ амьдралыг өгсөн Эзэний ивээлд хариу барих арга юм.

Бид Бурханы өгсөн зүйлд талархаж, Түүний өгсөн зүйлийг хуваалцаж амьдрах ёстой. Эд баялагтай нь эд баялгаа өгч болно. Баптисч Иохан ирээд *"Гэмшилд зохистой үр жимс гарга"* хэмээн хүмүүсийн зүрх сэтгэлийг хөдөлгөсөн номлолоо тунхаглах үед хүмүүс түүнээс юу хийх ёстойгоо асуусан. Тэгэхэд Иохан *"Хоёр цамцтай нь цамцгүй нэгэндээ илүүчил. Хоолтой нэг нь үүний адил үйлдэгтүн"* гэсэн билээ (Лук 3:11). *"Энэрэх сэтгэл тариан агуулахаас гардаг"* гэсэн солонгос ардын зүйр үг ч бас бий. Хэн нэгэнд аяга хоол өгч, байгаа зүйлээ хуваалцах нь бидний амьдралд үргэлжлэх ёстой.

Жон Сон Шил багшийн бичсэн "Сайныг хуваалцах хичээл" номыг уншвал бидний хийж чадах хайрыг хуваалцах олон арга байдгийг харж болно. Бид ихэвчлэн хэн нэгэнд туслах, үйлчлэхийн тулд том зүйл хийх ёстой гэж боддог. Гэхдээ хайраа хуваалцах нь өчүүхэн зүйлээс эхэлж болно.

Японы "Table For Two" нийгмийн төлөөх байгууллага 2007 оноос 20 иен буюу 200 вонтой тэнцэх хандивын аян эхлүүлжээ. Ингэхдээ үдийн хоолоо идэхдээ 20 иен болгож хямдруулсан хоолны цэсийг сонгох юм. Дараа нь тэд энэ мөнгийг бусад орны өлсгөлөнд нэрвэгдсэн хүүхдүүдэд туслахад зарцуулсан байна.

Хайраа хуваалцана гэдэг нь зөвхөн материаллаг зүйлийг хуваалцана гэсэн үг биш. Бид авьяас чадвараа хуваалцаж, цаг заваа хуваалцаж болно. Бид бусдаас илүү суралцаж, мэдлэгтэй болсон бол тэр мэдлэгээ ч хуваалцаж чадна. Мөн сонирхол, сэтгэл зүрхээ ч хуваалцах хэрэгтэй. Ялангуяа олон хүмүүс сэтгэцийн эмгэгтэй болсон өнөө үед тэдний яриаг сонсож, сэтгэлийг нь ойлгох маш чухал.

Жон Сон Шил багш 2007 онд АНУ-ын Виржиниа Техникийн Их Сургуульд болсон буудалцааны хэргийг жишээ болгон ингэж хэлжээ. *"Сэтгэл судлаачид хэрвээ Жу Сын Хид сэтгэлээ хуваалцаж чадах ядаж нэг найз байсан бол, түүний сэтгэлийг жаахан ч гэсэн ойлгодог найз байсан бол энэ хэрэг гарахгүй байсан гэж дүгнэж байна."* Хэн нэгнийг очиж тайвшруулж, урам зориг өгөх үгийг хэлэх нь ч хайрыг хуваалцах арга зам байж болно.

Бид мөн сүнслэг зүйлсийг хуваалцаж чадна. Та хүлээн авсан Ариун Сүнсний бэлгүүдээ чуулган болон итгэгчдэд зориулан үйлчлэхдээ ашиглаж болно. Зуучлан залбирлын бэлгийг хүлээн авсан хүмүүс чуулган, пасторынхаа төлөө, уруу таталтанд унасан итгэгчдийн төлөө, сайнмэдээ тараагчдын төлөө, улс орон, ард түмнийхээ төлөө залбирч болно. Тайтгарлын бэлэгтэй хүн гашуудаж буй хүмүүсийг тайтгаруулж чадна (Ром 12:8). Бидэнд байгаа бүхэн хайраа хуваалцах хэрэгсэл болж болно.

> "Бурхан, биднийг хайрладаг хайрыг бид мэдэж, итгэдэг. Бурхан бол хайр мөн. Хайр дор байгч нь Бурханы дотор байж, Бурхан түүний дотор байна"
> 1Иохан 4:16

Бидний амьдралын хамгийн том гайхамшиг бол Бурхан биднийг аварч, хайрласан явдал. Бидний Бурханаас хүлээн авсан хайр маш агуу бөгөөд гайхалтай тул өдөр бүр талархалтайгаар амьдрахаас өөр аргагүй. Есүс Христийн загалмайг харах бүртээ туйлын эерэг найдвар, хайрыг мэдрэх болно. Түүнчлэн ямар ч бүтээл, саад бэрхшээл Бурханы биднийг гэсэн туйлын эерэг хайраас салгаж чадахгүй (Ром 8:35-39). Тиймээс бид туйлын эерэг Бурханд туйлын эерэг итгэлээр итгэж амьдрах хэрэгтэй. Амьдралд ямар ч бэрхшээл тохиолдсон тэд бүгд хамтдаа сайн сайхныг бүтээх болно.

Одооноо эхлээс Бурханы өгсөн ариун мөрөөдлийг тээн, итгэлийн үгсээр тунхаглаж, талархлаа илэрхийлж, хайрыг хуваалцдаг Бурханы ажилчин болоорой. Туйлын эерэг байх зарчим та бүхний амьдралд гайхалтай өөрчлөлтүүд, ерөөлүүд, гайхамшгуудыг авчирна гэж найдаж байна.

Хайрыг хэрэгжүүлэх тунхаглалын жишээ

Дараах тунхаглал нь жишээ өгүүлбэр юм. Өөрт тохирсон тунхаглалыг бүтээж, "Есүсийн хайрын сэтгэлээр" тунхаглаарай!

Өөрийнхөө талаар эергээр тунхаглах нь:

- Би Бурханд юу юунаас илүү хайртай!
- Би өөрийгөө үнэлж, хайрладаг!
- Би уулзсан хүн бүрээ хүндэлж, хайрладаг!
- Би хийж буй зүйлээ үнэлдэг, хайрладаг!
- Би зовлон бэрхшээл, бэрхшээлүүдээр дамжуулан Бурханы хайрыг илүү их ухаарах болно!
- Би өөрийн чуулган болон пастораа үнэлж, тэдний төлөө залбирч, хайрладаг!
- Би ирээдүйдээ найдаж, сайн сайхан зүйл болно гэдэгт итгэдэг!
- Би ядууст эд материалын зарим зүйлээр туслана!
- Би өөрийнхөө авьяас, бэлгийг чуулган болон бусдад үйлчлэхэд ашиглах болно!
- Би залбирал, тайтгарал, тусламж хэрэгтэй хүнд хүрч, туслах болно!

Positivity Quotient Check List

Туйлын эерэг байдлаа шалгах хүснэгт ☑

Таны хайрыг хуваалцах хандлагын үзүүлэлт (PQ) хэд вэ?

Өгөгдлүүдийг уншаад тохирох нүдийг чагтална уу!

Хэмжих асуултууд	Огт тийм биш	Тийм биш	Ихэнхдээ	Тийм	Яг тийм
	1 оноо	2 оноо	3 оноо	4 оноо	5 оноо
1. Бурханы хайрыг мэдэх, хуваалцах нь миний амьдралын үнэт зүйлсийн нэг юм.					
2. Би уулзсан хүмүүсийнхээ хэрэгцээг анхаарч үздэг.					
3. Хүнд нөхцөлд орсон хөрш эсвэл найздаа дуртайяа туслах болно.					
4. Сайнмэдээг мэддэггүй гэр бүл, найзынхаа төлөө залбирдаг.					
5. Өөрийн бэлэг, авьяасаа чуулган болон хөршүүддээ туслахын тулд ашигладаг.					
6. Би Бурханд итгэдэггүй хөршүүд, хамтран ажиллагсдадаа сайнмэдээг түгээдэг.					
7. Ядууст материаллаг тусламж үзүүлэхэд оролцдог.					
8. Өвчин, асуудалтай байгаа хөршүүдийнхээ төлөө зуучлан залбирах юмуу тайтгаруулдаг.					
9. Чуулган, нийгмээс зохион байгуулж хуваалцах, туслах ажилд оролцдог. (жишээ: цусаа хандивлах, тусламжийн хандив, бараа цуглуулах гм)					
10. Ямар ч шагнал, хариу хүсэхгүйгээр сайхан сэтгэл, хайрыг хэрэгжүүлдэг.					

Асуулт бүрийн оноог нэмнэ.
Хайрыг хуваалцах хандлагын
үзүүлэлтийн нийлбэр (_____ оноо)

Туйлын Эерэг
Байхын Гайхамшиг

Хавсралт

Туйлын эерэг байдлын (PQ) үзүүлэлт шалгах хүснэгт

Туйлын Эерэг Байхын Гайхамшиг

Positivity Quotient Check List

Туйлын эерэг байдлаа шалгах хүснэгт ☑

Таны эерэг хандлагын үзүүлэлт (PQ) хэд вэ?

Өгөгдлүүдийг уншаад тохирох нүдийг чагтална уу!

Хэмжих асуултууд	Огт тийм биш	Тийм биш	Ихэнхдээ	Тийм	Яг тийм
	1 оноо	2 оноо	3 оноо	4 оноо	5 оноо
1. Би стресст орсон үедээ эергээр бодож, даван туулдаг хандлагатай.					
2. Амьдралд хандах хандлага, чиг хандлагаа сөрөг сэтгэл хөдлөлөөр шийддэгтүй.					
3. Хэдий зовлон зүдүүр, бэрхшээл тохиолдсон ч түүнээсээ сургамж авч дахин босдог.					
4. Би ихэвчлэн эерэг байдлын хүчинд итгэдэг бөгөөд үүнийг маш их ухамсарладаг.					
5. Би амьдралынхаа үлдсэн хугацаанд болон ирээдүйд маш их хүлээлттэй байна.					
6. Хүрээлэн буй орчин эсвэл хүмүүсийг харахдаа харанхуй талаас илүү гэрэл гэгээтэй талыг нь харахыг хичээдэг.					
7. Өөрийгөө сайн эсвэл амжилтад хүрч байгаагаар төсөөлж, хардаг.					
8. Миний эргэн тойронд сөрөг зүйл ярьдаг хүмүүсээс илүү эерэг зүйл ярьдаг нь их цуглардаг.					
9. Аливаа зүйлийг эхлүүлэхийн өмнө бүтэлгүйтэж магадгүй гэж боддоггүй.					
10. Миний дотор маш их хайр, эерэг энерги бий.					

Асуулт бүрийн оноог нэмнэ.

Эерэг хандлагын үзүүлэлтийн нийлбэр (_____ оноо)

Positivity Quotient Check List

Туйлын эерэг байдлаа шалгах хүснэгт ☑

Таны эерэг итгэлийн үзүүлэлт (PQ) хэд вэ?

Өгөгдлүүдийг уншаад тохирох нүдийг чагтална уу!

Хэмжих асуултууд	Огт тийм биш	Тийм биш	Ихэнхдээ	Тийм	Яг тийм
	1 оноо	2 оноо	3 оноо	4 оноо	5 оноо
1. Бурхан бол амьдралын минь хамгийн чухал, хайртай оршихуй гэж би боддог.					
2. Намайг залбирах үед Бурхан миний хажууд байдаг гэдэгт би итгэдэг.					
3. Есүс Христийн загалмай нь Бурханы туйлын эерэг хайрыг надад харуулдаг гэдэгт би итгэдэг.					
4. Ямар ч зовлон, бэрхшээл тулгарсан Бурхан байгаа учраас шантардаггүй.					
5. Бурхантай өдөр бүр харилцаж, ярилцдаг.					
6. Хүссэн зүйл маань хурдан биелэхгүй бол яаралгүйгээр "Бурханы цаг ирнэ" гэж бодон тэвчдэг.					
7. Би итгэлийн амьдралаар амьдрахдаа Бурханы хайрыг маш их мэдэрч, сэтгэл минь хөдөлдөг.					
8. Би залбирахдаа дотор минь байгаа цөхрөл, сөрөг бодлууд алга болж байгаа олон удаа мэдэрсэн.					
9. Би өдөр бүр Бурханы үгийг уншиж, эргэцүүлдэг.					
10. Би сайн муу үе, амар амгалан, зовлон зүдүүрийн үе ч Бурханы дээд эрх мэдэлд байдаг гэдэгт итгэдэг.					

Асуулт бүрийн оноог нэмнэ.

Эерэг итгэлийн үзүүлэлтийн нийлбэр (_____ оноо)

Positivity Quotient Check List

Туйлын эерэг байдлаа шалгах хүснэгт ☑

Өөртөө эерэг хандах хандлагын үзүүлэлт (PQ) хэд вэ?

Өгөгдлүүдийг уншаад тохирох нүдийг чагтална уу!

Хэмжих асуултууд	Огт тийм биш	Тийм биш	Ихэнх-дээ	Тийм	Яг тийм
	1 оноо	2 оноо	3 оноо	4 оноо	5 оноо
1. Би өөрийгөө дур булаам гэж боддог.					
2. Өөрийгөө бусадтай харьцуулж өөрийгөө дорд үздэгтүй.					
3. Бурхан намайг онцгой, нандинаар бүтээсэн гэдэгт итгэдэг.					
4. Би өөрийгөө хайрлуулах бүрэн эрхтэй гэж боддог.					
5. Би одоо аз жаргалтай байна.					
6. Бусдын хов жив, шүүмжлэл надад тийм ч их нөлөөлдөгтүй.					
7. Би өөрийн гэсэн өвөрмөц авьяастай, үнэ цэнтэй гэдэгт итгэдэг.					
8. Би өөрийгөө үнэлж, хайрладаг.					
9. Би ямар ч ажлыг сайн хийж чадна гэж боддог.					
10. Би ирээдүйгээ төсөөлж, түүнийгээ тунхаглаж, ерөөдөг.					

Асуулт бүрийн оноог нэмнэ.
Өөртөө эерэг хандах хандлагын
үзүүлэлтийн нийлбэр (_____ оноо)

Positivity Quotient Check List

Туйлын эерэг байдлаа шалгах хүснэгт ☑

Бусдад эерэг хандах хандлагын үзүүлэлт (PQ) хэд вэ?

Өгөгдлүүдийг уншаад тохирох нүдийг чагтална уу!

Хэмжих асуултууд	Огт тийм биш	Тийм биш	Ихэнх-дээ	Тийм	Яг тийм
	1 оноо	2 оноо	3 оноо	4 оноо	5 оноо
1. Бусдыг харахдаа сул талыг нь харахаас илүү давуу талыг нь харахыг хичээдэг.					
2. Надаас өөр бодолтой хүмүүстэй ярилцах хэцүү биш.					
3. Хүнд нөхцөлд байгаа хүмүүст туслахдаа баяртай байдаг.					
4. Бусдын мэдрэмжид анхааралтай хандаж, үнэлдэг.					
5. Хүмүүстэй харилцахдаа инээмсэглэж, эелдэг байдлаа алддагтүй.					
6. Би уулзсан хүмүүсээ үнэлж, ерөөдөг.					
7. Бусдад төлөө бол алдагдал хүлээж чадна.					
8. Намайг буруугаар ойлгож, үзэн яддаг хүмүүст хүртэл эелдэг хандаж чадна.					
9. Би хүмүүсийг урамшуулж, магтдаг.					
10. Намайг гомдоож, зовоосон хүмүүсийг ч уучилж чаддаг.					

Асуулт бүрийн оноог нэмнэ.
Бусдад эерэг хандах хандлагын
үзүүлэлтийн нийлбэр (_____ оноо)

Positivity Quotient Check List

Туйлын эерэг байдлаа шалгах хүснэгт ☑

Таны ажил, үйчлэлдээ эерэг хандах хандлагын үзүүлэлт (PQ) хэд вэ?

Өгөгдлүүдийг уншаад тохирох нүдийг чагтална уу!

Хэмжих асуултууд	Огт тийм биш	Тийм биш	Ихэнхдээ	Тийм	Яг тийм
	1 оноо	2 оноо	3 оноо	4 оноо	5 оноо
1. Би хийж байгаа зүйлээсээ таашаал авч байна.					
2. Би хийж байгаа ажлаа Бурханы дуудлага гэж боддог.					
3. Хэцүү зүйлтэй тулгарах үед бууж өгөхийн оронд сорилтыг даван туулах хүсэл төрдөг.					
4. Ажил хийж байх үед шинэ санаанууд төрөх тохиолдол бий.					
5. Ажил хийхээсээ өмнө болон ажиллаж байхдаа Бурханд залбирдаг.					
6. Ажиллаж байхдаа эргэн тойрныхоо хүмүүст анхаарч, эелдэг ханддаг.					
7. Ажил хийхдээ хүсэл тэмүүлэлтэй хийдэг.					
8. Хаана байсан өөрт даалгагдсан жижиг зүйлд бүх хүчээ дайчилдаг.					
9. Нас ахилаа гээд хийх ажил байхгүй, дуудлага дууссан гэж боддоггүй.					
10. Илүү сайн ажиллахын тулд биеийн хүч чадлаа бас анхаарч үздэг.					

Асуулт бүрийн оноог нэмнэ.
Ажил, үйлчлэлдээ эерэг хандах хандлагын үзүүлэлтийн нийлбэр (_____ оноо)

Positivity Quotient Check List

Туйлын эерэг байдлаа шалгах хүснэгт ☑

Таны нөхцөл байдалдаа эерэг хандах хандлагын үзүүлэлт (PQ) хэд вэ?

Өгөгдлүүдийг уншаад тохирох нүдийг чагтална уу!

Хэмжих асуултууд	Огт тийм биш	Тийм биш	Ихэнх-дээ	Тийм	Яг тийм
	1 оноо	2 оноо	3 оноо	4 оноо	5 оноо
1. Асуудал тулгарах үед эхлээд гомдоллодоггүй.					
2. Өнгөрсөн шархаа дахин бодож, шаналдаггүй.					
3. Надад тохиолдож буй бүх зүйл, миний хүрээлэн буй орчин Бурханы эрх мэдэлд байдаг гэдэгт итгэдэг.					
4. Бурханы надад өгсөн ивээл нигүүлслийг эргэн санаснаар би хүч авдаг.					
5. Хүнд хэцүү нөхцөл байдал үүссэн ч сайн сайхны төлөө Бурхан ажиллана гэдэгт итгэдэг.					
6. Би харьяалагддаг хамт олныхоо талаар эергээр боддог хандлагатай.					
7. Би чуулганыхаа төлөө залбирч, хайрладаг.					
8. Би ажиллаж байгаа компаниа (ажлын байраа) хайрлаж, эрхэмлэдэг.					
9. Өөрийн харьяалагддаг хамт олноо шүүмжилдэггүй.					
10. Хүмүүстэй хамт байхдаа, хамт ажиллахдаа үргэлж эерэг хандлагатай байдаг.					

Асуулт бүрийн оноог нэмнэ.
Нөхцөл байдалдаа эерэг хандах хандлагын үзүүлэлтийн нийлбэр (_____ оноо)

Positivity Quotient Check List

Туйлын эерэг байдлаа шалгах хүснэгт ☑

Таны ирээдүйдээ эерэг хандах хандлагын үзүүлэлт (PQ) хэд вэ?

Өгөгдлүүдийг уншаад тохирох нүдийг чагтална уу!

Хэмжих асуултууд	Огт тийм биш	Тийм биш	Ихэнх-дээ	Тийм	Яг тийм
	1 оноо	2 оноо	3 оноо	4 оноо	5 оноо
1. Бурханд миний амьдралд зориулсан хүлээлт, төлөвлөгөө бий гэдэгт итгэдэг.					
2. Би өөрийнхөө ирээдүйг өөдрөг, итгэл найдвартай гэж боддог.					
3. Бурхан миний амьдралд гайхамшгийг үйлдэх болно гэж найдаж байна.					
4. Ариун Сүнс дотор залбирахдаа миний дотор ариун хүсэл төрж байгааг мэдэрдэг.					
5. Бурханы өгсөн алсын хараа, хүсэл мөрөөдөл миний зүрхэнд шатаж байна.					
6. Бэрхшээл тулгарах үед үүнийг Бурханы өгсөн мөрөөдлийн найз гэж бодон тэвчдэг.					
7. Би үргэлж ирээдүй, мөрөөдлөө биелж байгаагаар төсөөлж тэсэн ядан хүлээдэг.					
8. Мөрөөдлөө биелүүлэхийн тулд дэвтэрт тэмдэглэж, нарийвчлан залбирдаг.					
9. Би мөрөөдлөө биелүүлэхийн тулд үргэлж суралцаж байна.					
10. Би үхэн үхтлээ Бурханы хүсэл мөрөөдөл, алсын харааг биелүүлэх үүрэг гүйцэтгэгч гэдэгт итгэдэг.					

Асуулт бүрийн оноог нэмнэ.
Ирээдүйдээ эерэг хандах хандлагын үзүүлэлтийн нийлбэр (_____ оноо)

Positivity Quotient Check List

Туйлын зерэг байдлаа шалгах хүснэгт ☑

Таны зерэг үгийн үзүүлэлт (PQ) хэд вэ?

Өгөгдлүүдийг уншаад тохирох нүдийг чагтална уу!

Хэмжих асуултууд	Огт тийм биш	Тийм биш	Ихэнх-дээ	Тийм	Яг тийм
	1 оноо	2 оноо	3 оноо	4 оноо	5 оноо
1. Сөрөг үгс амнаас минь гардаггүй.					
2. Би бусдад урмын үг, сайшаалын үгийг байнга хэлдэг.					
3. Өөрийнхөө тухай зергээр бодож, ерөөж, тунхагладаг.					
4. Итгэлгүй байдал эсвэл сөрөг үгс нь Бурханы ажил эсвэл гайхамшигт саад болдог гэдэгт би итгэдэг.					
5. Бусдыг ерөөх үгсийг байнга хэлдэг.					
6. Би үргэлж Бурханы үгийг уншиж, бясалгадаг.					
7. Бурханы үгийг цээжилж залбирах юмуу эсвэл зохих нөхцөл байдалд ашигладаг.					
8. Би бусдад итгэл найдвар төрүүлэх эсвэл тэднийг аврах үгсийг их хэлдэг.					
9. Бурханы алсын харааг дэвтэрт тэмдэглэж, зав гарах бүрт тунхагладаг.					
10. Итгэлийн үгс хүч чадалтай гэдэгт итгэж, өвчин, бэрхшээлийн талаар тушаан, тунхаглаж залбирдаг.					

Асуулт бүрийн оноог нэмнэ.
Зерэг үгийн үзүүлэлтийн нийлбэр (_____ оноо)

Positivity Quotient Check List

Туйлын эерэг байдлаа шалгах хүснэгт ☑

Таны талархлын үзүүлэлт (PQ) хэд вэ?

Өгөгдлүүдийг уншаад тохирох нүдийг чагтална уу!

Хэмжих асуултууд	Огт тийм биш	Тийм биш	Ихэнхдээ	Тийм	Яг тийм
	1 оноо	2 оноо	3 оноо	4 оноо	5 оноо
1. Өглөө босоод хамгийн түрүүнд Бурханд талархаж байгаагаа хэлдэг.					
2. Өдөр тутмын амьдралдаа өчүүхэн зүйлд ч гэсэн талархах зүйл хайдаг.					
3. Би эргэн тойрныхоо хүмүүст байнга талархлаа илэрхийлдэг.					
4. Хараахан хариултаа аваагүй байсан ч талархаж, залбирдаг.					
5. Хэцүү нөхцөл байдал үүссэн ч гомдоллохын оронд талархлаа өчдөг.					
6. Надад байхгүй зүйлдээ гомдоллохын оронд одоо байгаа зүйлдээ талархаж байна.					
7. Өдөр бүр талархлын чимээгүй цаг хийх юмуу, Бурханы ивээлийн талаар бясалгадаг.					
8. Зовлон, бэрхшээл нь итгэл, зан чанарыг хөгжүүлэх боломж гэдэгт итгэж, талархдаг.					
9. Ажил төлөвлөсний дагуу болохгүй байсан ч Бурхан сайн болгоно гэдэгт итгэж, талархдаг.					
10. Унтахынхаа өмнө талархлын залбирлаар өдрийг дуусгадаг.					

Асуулт бүрийн оноог нэмнэ.
Талархлын үзүүлэлтийн нийлбэр (_____ оноо)

Positivity Quotient Check List

Туйлын эерэг байдлаа шалгах хүснэгт ☑

Таны хайрыг хуваалцах хандлагын үзүүлэлт (PQ) хэд вэ?

Өгөгдлүүдийг уншаад тохирох нүдийг чагтална уу!

Хэмжих асуултууд	Огт тийм биш	Тийм биш	Ихэнх-дээ	Тийм	Яг тийм
	1 оноо	2 оноо	3 оноо	4 оноо	5 оноо
1. Бурханы хайрыг мэдэх, хуваалцах нь миний амьдралын үнэт зүйлсийн нэг юм.					
2. Би уулзсан хүмүүсийнхээ хэрэгцээг анхаарч үздэг.					
3. Хүнд нөхцөлд орсон хөрш эсвэл найздаа дуртайяа туслах болно.					
4. Сайнмэдээг мэддэгтүй гэр бүл, найзынхаа төлөө залбирдаг.					
5. Өөрийн бэлэг, авьяасаа чуулган болон хөршүүддээ туслахын тулд ашигладаг.					
6. Би Бурханд итгэдэгтүй хөршүүд, хамтран ажиллагсдадаа сайнмэдээг түгээдэг.					
7. Ядууст материаллаг тусламж үзүүлэхэд оролцдог.					
8. Өвчин, асуудалтай байгаа хөршүүдийнхээ төлөө зуучлан залбирах юмуу тайтгаруулдаг.					
9. Чуулган, нийгмээс зохион байгуулж хуваалцах, туслах ажилд оролцдог. (жишээ: цусаа хандивлах, тусламжийн хандив, бараа цуглуулах гм)					
10. Ямар ч шагнал, хариу хүсэхгүйгээр сайхан сэтгэл, хайрыг хэрэгжүүлдэг.					

Асуулт бүрийн оноог нэмнэ.
Хайрыг хуваалцах хандлагын
үзүүлэлтийн нийлбэр (_____ оноо)

Туйлын эерэг байдлын (PQ) үзүүлэлт шалгах ба дүгнэх

Эерэг хандлагын үзүүлэлт (PQ, Positivity Quotient) бол амьдралын хамгийн чухал хөрөнгө юм. PQ бол IQ, хүрээлэн буй орчин, хувь тавиланг давах агуу хүч. Таны PQ өндөр байх тусам таны амьдралд гайхалтай өөрчлөлт, гайхамшиг тохиолдох болно.

Энэхүү номыг уншиж, PQ шалгах хуудасны үнэлгээ хэсэгт та бүхэн ирсэн байна. Энэ бол бүлэг тус бүрийн сүүлд оруулсан эерэг байдлын үзүүлэлтээ үнэлж, дүгнэх цаг юм. Дараах дарааллаар хийж үзээрэй.

1. 10 талбарт өгсөн эерэг хандлагын оноонуудаа бичээд нэмнэ үү.

* Талбар бүрийн дээд оноо нь 50 оноо юм. 10 талбарын нийт дээд оноо нь 500 оноо болно.

#	Талбар	Нийлбэр
1	Эерэг хандлагын үзүүлэлт	______ оноо
2	Эерэг итгэлийн үзүүлэлт	______ оноо
3	Өөртөө эерэг хандах үзүүлэлт	______ оноо
4	Бусдад эерэг хандах үзүүлэлт	______ оноо
5	Ажил, үйлчлэлдээ эерэг хандах үзүүлэлт	______ оноо
6	Нөхцөл байдалд эерэг хандах үзүүлэлт	______ оноо
7	Ирээдүйдээ эерэг хандах үзүүлэлт	______ оноо
8	Эерэг үгийн үзүүлэлт	______ оноо
9	Туйлын талархлын үзүүлэлт	______ оноо
10	Хайрыг хуваалцах үзүүлэлт	______ оноо
Нийт		______ **оноо**

2. Нийт оноогоо 5-д хуваана уу! (100 оноо болгон хөрвүүлэх)

* **Жишээ:** Хэрэв нийт оноо 400 бол таны оноо 80 гарах болно (400:5=80)

Та өөрийнхөө нийлбэр (________) оноог бичнэ үү!

3. Таны PQ (100 оноогоор хөрвүүлсэн) хаана байгааг олж харна уу!

90~100 оноо	Таны PQ маш өндөр байна. Та бол маш эерэг хүн юм
	Туйлын эерэг энергитэй та аливаа зүйлд аз жаргалтай, амжилттай байж чадна. Таны амьдралд гайхалтай гайхамшгуудыг тохиолдох болно гэж найдаж байна.
80~89 оноо	Таны PQ маш сайн байна. Та бол эерэг хүн юм
	Өндөр түвшний эерэг энергитэй та энэхүү энергийг үйл ажиллагаандаа ашиглавал маш их амжилтад хүрч чадна. Дутагдлаа нөхөж, туйлын эерэг байдал руу тэмүүлээрэй.
60~79 оноо	Таны PQ сайн байна. Та олон эерэг талтай хүн юм
	Таны хамгийн сул тал юу байна вэ? Хэрэв та Ариун Сүнсний удирдамжийг дагаж, дутагдлаа нөхөж чадвал туйлын эерэг энергитэй хүн болж чадна.
40~59 оноо	Таны PQ бага байна. Таны дотор эерэг, сөрөг хоёрын тэмцэл өрнөж байна
	Та эерэг хүнтэй нөхөрлөж, туйлын эергээр сэтгэж, тунхаглаж, үйлдэх зуршилтай болоорой. Том өөрчлөлт гарах болно.
39~оос доош	Таны PQ маш бага байна. Харамсалтай нь сөрөг байдал илүү өндөр харагдаж байна.
	Эерэг үзүүлэлтэд хүрэхийн тулд маш их хүчин чармайлт шаардагдана. Гэхдээ сэтгэлээр бүү унаарай. Хэрэв эрчимтэй зөвлөгөө, сургалтад хамрагдвал та ч гэсэн эерэг хүн болж чадна.

Номзүй

Ким Жү Хан, *Сэргэх чадвар*, Сөүл: Wisdom house, 2019.

Ким Хён Сог, *Ким Хён Сокийн амьдралын асуулт хариулт,* Сөүл: Мирюү номын дэлгүүр, 2022.

Ник Вуйчич, *Ник Вуйчичийн тэврэлт,* орч. Чой Жон Хүн, Сөүл: Дуранно, 2010.

Дебора Норвилл, *Талархлын хүч,* орч. Юун Тэ Жүн, Сөүл: Wisdom House, 2008.

Дэвид Софер, *Зугтах аргагүй Бурхан,* Лондон: Вестминстерийн хэвлэл, 1959.

Лоран Гунел, *Явахыг үссэн замаараа яв,* орч. Ким Юун Нам, Пажү: Тааламжит амьдрал, 2009.

Макс Лукадо, *Пастораа, амьдрал хэцүү байна*, орч. Пак Мён Сүг, Пажү: Poiema, 2013.

Эстер Пак, *Би өвчтэй хүмүүсийг асардаг эмнэлгийн пастор болохыг хүсэж байна,* Үзэсгэлэнт хамтрагч, 2011 он.

Бен Карсон, *Бурханы өгсөн гар,* орч. Ом Сон Уг, Сөүл: Иньсон, 1999.

Соня Любомурский, *Аз жаргалд бас дадлага хэрэгтэй,* орч. У Хеэ Гёнг, Сөүл: Жишиг Номад, 2007.

Адам Грант, *Өгөө, аваа,* орч. Юун Тэ Жүн, Сөүл: Бодол судлалын хүрээлэн, 2013.

Альберт Бандура, *Өөртөө итгэх чанар ба амьдралын чанар,* орч. Пак Ён Шин, Сөүл: Боловсролын шинжлэх ухааны төв, 2001.

Эдвард Баундс, *Залбирлын зүрх,* орч. И Юун Буг, Сөүл: Кюжанг, 2007.

Эрих Фромм, *Хайрын урлаг,* орч. Хуан Мүн Сү, Сөүл: Мүнеэ хэвлэлийн газар, 2019.

Вэй Шуинг, *Харвардын 4:30 минут,* орч. И Жон Иын, Сөүл: Ricemaker, 2017.

Виллиам Барклай, *Сэтгэл ханамжийн нууц,* орч. Кан Сон Тэг, Сөүл: Шинэчлэгдсэн теологийн түүх, 2012.

Юүн Ёон Иын, *Эерэг байдал хүсэл тэмүүллийг давамгайлдаг,* Сөүл: Френеми, 2021.

И Ми Ён, Ким Ман Сог ба Ким Бён Үг, *Талархалтай үед менежмент хөгжилтэй байдаг,* Гоянг: Прованс, 2014.

И Ёон Хүн, *Талархалын гайхамшиг,* Сөүл: Дуранно, 2013.
__________, *Талархал QT 365,* Сөүл: Сөүл Малсеумса, 2022.
__________, *Зөвхөн Ариун Сүнсээр,* Сөүл: "Чуулганы Өсөлт" судлалын төв, 2022.
__________, *12 Wisdom to Success,* Сөүл: "Чуулганы Өсөлт" судлалын төв, 2023.
И Жи Сон, *Нэлээн дажгүй аз жаргалтай төгсгөл,* Пажү: Мунхакдонгне, 2022.
Жан Юун Жин, *Ажилдаа сайн хүмүүсийн харилцаа,* Сөүл: Sam & Parkers, 2008.
Жон Сонг Шил, *Үзэсгэлэнтэй хуваалцах хичээл,* Сөүл: Сайн номын дэлгүүр, 2012.
Ён Ги Чой, *Дөрвөн хэмжээст сүнслэг байдал,* Сөүл: "Чуулганы Өсөлт" судлалын төв, 2010.
__________, *Сэтгэлийн тэнгэр,* Сөүл: "Чуулганы Өсөлт" судлалын төв, 2009.
Жон Готман, *Хайрын шинжлэх ухаан,* орч. Со Юун Жу, Сөүл: Хаенаем, 2018.
Жон Гордон, *Энергийн автобус,* орч. Юү Ён Ман, И Сү Гён, Сөүл: Sam & Parkers, 2019.
Жон Пауэлл, *Сэтгэлийн улирал,* орч. Жон Хун Гюү, Сөүл: Паулын охин, 1992.
Чарльз Духиг, *Дадлын хүч,* орч. Кан Жү Хон, Пажу: Галлеон, 2012.
Чүэ Гванг Гю, *Бүхнээс дээгүүр оршигч Бурхан,* Сөүл: Луужин, 2014.
Келли Чой, *Баялаг сэтгэх,* Сөүл: Дасан номууд, 2021.
Томас Стэнли, *Саятны оюун ухаан,* орч. Жан Сог Хүн, Сөүл: Номын байшин, 2007.
Том Петерс, *Том Питерс маш сайн компанийн нөхцөл,* орч. Ким Ми Жон, Сөүл: Korea Economic Daily, 2022.
Фред Поллок, *The Image of the Future,* Амстердам: Elsevier Scientific Publishing Company, 1973.
А.У.Тозер, *Загалмайд цовдлогд,* орч. И Юун Бут, Сөүл: Гюжанг, 2015.
Lisa Hilton, *Positivity: How You Can Add More Happiness to Your Life,* Independently Published, 2023.
Shawn Achor, *The Happiness Advantage: How a Positive Brain Fuels Success in Work and Life,* Currency; Illustrated Edition, 2018.
Whitney Goodman, *Toxic Positivity: Keeping It Real in a World Obsessed with Being Happy,* TarcherPerigee, 2022.

Туйлын Эерэг
Байхын Гайхамшиг

Туйлын Эерэг
Байхын Гайхамшиг

Туйлын Эерэг Байхын Гайхамшиг

(Монгол хувилбар)

Зохиогч | И ЁН ХҮН

Энэ номд эш татсан эшлэлүүдийг АБН-ийн 2013 оны Библиэс авсан болно.

Эрхлэн нийтэлсэн | CGW ("Дэлхийн Чуулганы Өсөлт" Судалгааны Төв)
Хаяг | 59 Eunhaeng-ro, Yeongdeungpo-gu, Seoul, Korea
Вэбсайт | www.cgw.global
Анхны хэвлэл | 2025.04.01.

Printed in Korea

ISBN 978-89-8304-367-2 03230

Энэхүү номын орчуулга, хяналт, редактор, эх бэлтгэлд хувь нэмэр оруулж хамтарч ажилласан Монгол дах хамтран зүтгэгчиддээ гүн талархал илэрхийлье.